A SHORT HISTORY OF PROGRESS

RONALD
WRIGHT

极简进步史

人类在失控中拨快末日时钟

[英]罗纳德·赖特———著

杨海宇———译

北 京 时 代 华 文 书 局

梅西（Massey）讲座系列

梅西讲座是由加拿大广播公司广播电台、阿南西（Anansi）出版社以及多伦多大学梅西学院共同赞助支持的系列讲座。该讲座于 1961 年创立，旨在纪念英联邦加拿大总督文森特·梅西，其核心目标在于鼓励和促进各个领域有较深造诣的人士和团体把当代社会感兴趣的原创性研究结果更广泛地传播开来。

本书内容来自 2004 年名为"进步简史"的梅西讲座，该讲座同时也是 2004 年 11 月加拿大国家广播公司广播电台名为"思想"的系列节目之一。

关于作者

罗纳德·赖特生于英格兰，现居住在加拿大的不列颠哥伦比亚省，其父亲是加拿大人，母亲是英国人。作为小说家、历史学家和散文家，赖特在上述三个专业领域都曾经获得奖项，其文字已经被翻译成十多种语言版本出版。成为作家之前，他在剑桥大学和卡尔加里大学学习考古学，并于 1996 年被卡尔加里大学授予荣誉博士学位。他的非虚构类著作包括一本讲述美洲历史的畅销书《玛雅和失窃大陆间的时间》（*Time Among the Maya and Stolen Continents*），该书荣获"戈登蒙塔多奖"（Gordon Montador），并且被《独立报》和《星期日泰晤士报》选为年度最佳书籍。他的第一本小说《科学罗曼蒂克》（*A Scientfic Romance*）获得了英国"大卫海哈姆奖"（David Higham）的虚构类奖；该小说也被《环球邮报》《星期日泰晤士报》和《纽约时报》评选为年度图书。本书是罗纳德·赖特最重要的作品之一，不仅获得了加拿大书商协会"藏书票奖"（CBA Libris Award）的年度非虚构类作品奖，还得到英、美、加三国媒体的一致褒奖。美国媒体曾就此书发表评论说："真应该让白宫里的那群人读一读！"

献给我的母亲，
雪莉·菲丽丝·赖特

许久以前……

没有人用犁撕裂土地

或把土地分封出去

或以船桨横扫大海——

海岸线就是世界的尽头。

聪明的人性，沦为自己发明的受害者，

具有灾难性的创造力，

为什么用带有瞭望塔的城墙把城市围起？

又为何要为了战争而武装？

——奥维德，《爱的艺术》第三卷

目　录

致　谢

向 Bernie Lucht 和 John Fraser 所给予我的支持表示感谢。

感谢阿南西基金会的 Martha Sharpe 和加拿大广播公司的 Philip Coulter 在编辑过程中高效的支持和有用的建议。

感谢 Richard Outram、Farley Mowat、Brian Brett 和 Jonathan Bennett，谢谢他们愿意阅读书稿并且给出诸多有益的反馈和评论。

与往常一样，感谢我的妻子 Janice Boddy 抽出时间细读本书并且给出富于见地的评价和建议。

第一章

高更的问题

法国画家及作家高更——众所周知他疯狂、具有败坏的性格，并且认识他是有危险的——被维多利亚时代的科学家诸如达尔文之类的宇宙认识论所带来的眩晕深深困扰着。

　　在1890年代，高更逃离了巴黎，同时也逃离了家庭和股票交易所的职业，开始画土著的女子（也和她们上床）。像很多命运多舛的人一样，高更很难从自我中抽身逃离，尽管他已经尽力用酒精和鸦片来麻痹自己了。在狂躁的表象下面，高更一直期望能够在粗糙而虚幻的人类本原里，发现他自称为"原始人"的人——初始的男人（和女人）和人性。这种对人生的追寻引领他到达了塔希提和其他南太平洋岛屿，在这里，与外来文化接触之前的痕迹依然埋藏和游荡于十字架和法国的三色旗下——在他眼里，这是一个未被腐蚀的世界。

　　1897年，一艘邮轮在塔希提港靠岸并带来了不幸的消息：高更最喜爱的孩子阿丽娜（Aline）因突患肺炎而死去。经过数月的疾病、贫困和自杀性的绝望折磨后，高更把这些悲痛化为创作动力，画出了一幅巨作——更多的是一幅构思中的壁画，而非画布上的油画[1]。在这幅画作中，如同对维多利亚时代本身一样，高更要求得到对生存之谜的解答。他在画作中很大胆地写道，三个孩子般的问题，简单却深奥："我们从哪里来？我们是什么？我们去往何方？"

该画作描绘了一幅充满风景和神秘人物的长卷，这些风景可能是塔希提的无神森林，或者是一个无序混乱的伊甸园：崇拜上帝者、猫、鸟、一艘静泊的船、一个面带安详表情的伟大偶像，抬起的双手似乎指向远方；一个位于中央位置的人物在采摘果实；夏娃，人类之母，在高更作品里不像他通常描绘的妇女那样是一个性感的天真尤物，而更像是一个猥琐的女巫，具有穿透力的眼睛看起来像是他从秘鲁木乃伊那里获得的灵感。画里另一个人物的表情惊喜地转向一对年轻人。这对年轻人，高更写道："敢于去考虑他们的命运。"[2]

高更的第三个问题——我们去往何方？——正是我想通过本书来阐述的主题。这个问题也许看起来是无法回答的，因为谁能够对人类社会的进程做出时间上的预测呢？不过，我还是觉得我们能回答这个问题，至少能从一个宏观的层面来看，并先从回答其他两个问题开始。如果我们能够清楚认识到我们是谁，已经做了些什么，那么我们就能够认识到那些能够坚强延续并穿越不同时代和文化的人类行为特点。这样的认知将能够揭示我们今后可能采取的行动，以及我们从这里会去往何方的可能性。

我们的文明就是一艘满载着过去大多数前辈文明的内涵而高速驶入未来的蒸汽船。这艘船行驶得越来越快，越来越远，承载的东西越来越多。我们也许不能够预测到前方每一处的暗礁和危险，但是，通过查看指南针、了解船的设计和安全行驶记录，以及船员的能力，我想我们能够在前方狭窄的通道和不断涌现出的冰山间设计出一条智慧的航线。

并且，我认为我们必须立刻就开始设计航线，因为在我们身后已经有太多的船难事件。现在我们搭乘的这艘船，不仅仅是迄今为止最大的一艘，同时也是世上留下的唯一一艘。未来所有我们自人类的智慧开始演变以来已经实现的成就，将取决于接下来几年中我们的行动。如同所有的生物一般，人类通过试错改进的方式在这个世界上找到了活路，可今天人类如此庞大，我们已经无法再奢望能够负担得起更多的错误行动了。世界已经变得太小，以至于不能承受我们任何的大错误了。

尽管在 20 世纪发生过特定的事件，大多数西方文化传统下成长的人依然相信维多利亚时代关于进步的理想，这一理想信念在1968 年被历史学家西德尼·波拉德（Sidney Pollard）界定为"一种认为在人类历史上存在一个变化规律的想法……这规律包括了单向的、不可逆转的变化，这单向则是指向进步"[3]。地球上唯一能够发展出这样一种思路的生物本身的外表，就表明进步是自然规律的一部分：哺乳动物比爬行动物更敏捷；猿类比牛更加聪明细心；而人，则是所有生物中最聪明的物种。我们的文化是用技术的发展来衡量人类进步的：棍棒比拳头厉害，弓箭更胜于棍棒，子弹又胜过了弓箭。我们达成这样的信念，是基于现实的原因：

这一信念在生活中应验了。

波拉德提醒我们，物质进步的理念其实是一个非常新近的概念——"仅仅在过去的300年间才变得重要起来"[4]——这刚好和科学以及工业的崛起紧密相连，也与传统观念的式微关系密切。[5]我们不再过多关注道德的进步——这是早前时代关注的核心问题——而却想当然地认为随着物质的进步，道德也自然会进步。作为文明的人类，我们倾向于认为自己比野蛮人或者原始人不仅仅体味更好闻，而且在行为上也一定更优。用历史来做衡量的话，这个想法很难站得住脚。我在下一章论述"文明"到底意味着什么时，会专门回过头来探讨这个问题。

我们对于进步的现实信仰不断生枝扩张，并且强化成为一种意识形态——一个无神的宗教，它就像进步所挑战过的宗教一样，对自己的可信度当中存在的问题视而不见。于是，进步就变成了人类学意义上的"神话"。我这么说可不是要证明这样的一种信仰是不实在或不真实的，因为成功的神话是强有力的，而且通常是部分真实的。就像我在其他地方也写过："神话是对过去的一种整理和再安排，无论它是真实的或者想象的，这种安排具有其范式，能够强化一种文化最深层次的价值观和梦想……神话是如此富于各种涵义，以至于我们的生死都参照于它们。它们是各种文化在时间长河中航行所使用的地图。"[6]

进步的神话有时候给我们帮了大忙——起码对我们中那些坐在最佳位置的人来说确是如此——而且也可能会继续给我们帮大

忙。但是在本书中我要提出的是，这个神话已经变得危险了。进步已然具备了自身内部的逻辑，而这个逻辑可能会带领我们越过理性而坠入灾难。一条看起来诱人的成功道路可能会让我们掉进一个陷阱。

比如，以武器来举例。自从中国人发明了火药，历史见证了爆炸力制造方面的巨大进步：从炮仗到火炮，从火花到爆炸力超强的弹壳。当高度爆炸物达到一个完美状态时，进步又使人们发现了原子里蕴涵的无限大的爆炸力。可是，当我们能够制造的爆炸可以摧毁我们的世界时，我们的进步就过了头儿。

1940 年代时，参与制造原子弹的科学家中有几位认识到了这一问题，并且告知那些政治人物和其他相关人士，说这新的武器必须被销毁。"被释放出的原子能已经改变了世上除了我们思维方式以外的所有东西，"阿尔伯特·爱因斯坦如是写道，"而我们因此滑向了前所未见的灾难。"几年之后，时任美国总统肯尼迪说："如果人类不终结战争，战争就会终结人类。"

1950 年代，当我还是一个小男孩时，人类在武器方面过度进步的阴影就已经笼罩了世界——日本广岛、长崎和被人间蒸发的太平洋岛屿均是证明。我们已经在这阴影下生活了六十多年，相关的问题也有太多的人已经谈过，我没有必要再增添什么。[7] 我要阐述的观点在于，武器科技仅仅是进步带领人类走到死胡同的第一个领域，科技竟然威胁要毁灭这个其生于斯长于斯的星球。

在那个年代，进步的陷阱只是被视作个别偏离正轨的现象而已。在所有其他的领域里，包括原子能和化学杀虫剂领域，关于进步的大众信念基本没有被动摇过。1950年代的广告里展现了一个微笑的"1970年代的夫人"，她刚刚买了一台名牌的吸尘器，提前享受着未来的科技进步。每一年新出的汽车都和前一年的看起来不一样（其实没多大区别）。"更大！更宽！更长！"一个年轻女子用银铃般的嗓音唱道，那时的汽车制造商和如今的一样，热衷于更大就是更好的销售理念。因为使用滴滴涕（DDT），农民们则能够从害虫的侵袭中解放出来，他们所生活的世界被称作是"第三世界"——像简单优美的田园画般，却被视作"落后"的遗留和世界强权所争夺撕扯的非西方文化。在资本主义和共产主义关于现代的构建里，现代性能够带来的伟大前景就是无限和无尽头的进步。

前苏联的解体让很多人论断说这个世界的发展其实只有一条进步的道路。在1992年，前美国国务院官员弗朗西斯·福山（Francis Fukuyama），宣布说资本主义和民主是历史的"终结"——不仅仅是目的地，更是终极目标。[8]怀疑的人指出说，资本主义和民主本不一定是同床好友，他们举出的反例包括纳粹德国和世界范围内商业巨头控制的血汗工厂。尽管如此，弗朗西斯·福山天真的胜利主义还是强化了一个信念，主要是政治上的右派信念，即那些没有选择正确道路前进的国家应该要被动选择走这条路，因为这是对他们好——必要的时候，需要动用武力。从这个角度来看，现在关于进步的意识形态——这个信念掩盖了自我利益的考量——与过去各个帝国发起的传教事业极为相似，如公元 7 世纪的伊斯兰教国家，公元 16 世纪的西班牙，或者是公元 19 世纪的大英帝国。

自从冷战结束后，我们已经把原子能这个精灵控制住了，但是，我们还没能把它塞回到瓶子里去。与此同时，我们又忙着释放出了其他高能力量——网络科技、生物科技、离子科技——我们希望这些都是好的工具，但是我们并无法预测这些力量可能带来的后果和影响。

最紧迫的威胁可能是我们由此所产生的无可比拟的各种废物和污染物。正如大多数与科技相关的问题一样，污染事关规模。如果我们逐渐有序地燃烧我们肮脏的老朋友：煤炭和石油，大气层也许还是可以容纳的。问题是，大气层对于我们如此剧烈燃烧的消费能够承受多久？现在，从太空中看过去，这个星球乌烟瘴气的那一侧就如同一个用风扇鼓吹的火堆，发出光亮。

亚历山大·蒲柏曾经很傲慢地说，学到些皮毛是很危险的事；托马斯·赫胥黎后来问道："到哪里去找拥有如此多知识的人以至于他能够置身危险之外呢？"[9]科技使人上瘾。物质的进步创造出一些似乎只能通过继续进步才能解决的问题。再一次，恶魔的根源依然是规模；一次恰到好处的爆炸可以是对人有益的；一次过了头儿的爆炸却能够终结这个世界。

至此，我所谈到的这些问题似乎都是现代的问题，似乎都源自于工业科技的发展。可是，尽管能够摧毁这个世界的强大进步确实是属于现代的，但那些把进步带来的利益转化成陷阱的规模恶魔从石器时代起就已经开始侵扰我们了。这个恶魔一直和我们一起生活着，每次当我们想要控制自然的时候它就跳出来，打破智慧和鲁莽、需求和贪欲之间的平衡。

在旧石器时代，学会了一次捕猎两头猛犸的狩猎者比起一次捕猎一头来是有了进步。不过，那些学会了通过将一群猛犸赶下悬崖的方式一次捕杀两百头的狩猎者，他们所取得的进步就过了头儿。短时间内，他们日子过得很，但随后，就该挨饿了。

地球上许多点缀在沙漠和丛林中的人类遗迹就是进步陷阱的纪念碑，也就是那些沦为自己成功的牺牲品的各类文明的墓碑。这些曾经强大、复杂和荣盛的社会的命运中，蕴藏着对我们而言最具指示意义的经验和教训。这些文明的遗迹废墟正是进步浅滩上船难的标志。或者，用一个更现代的比喻，它们就像坠落的客机，其黑匣子能告诉我们到底是哪里出了问题。在本书中，我想对几个"黑匣子"进行解读，包括解读那些客机的飞行计划、机组人员的选择和航线的设计，借此我希望能够帮助我们避免重蹈过去的覆辙。当然，我们的文明具有异于过去文明的特殊之处，不过，这些差异并不像我们所愿意相信的那么大。所有的文化，无论是过去的还是现在的，都充满着活力和变化。即使是发展最缓慢的文化，从长远来看也是不断变化发展的。尽管我要提到的多个案例各有不同，但整体来看，其历时性的变化规律是令人警醒的相似，而这又是令人鼓舞的。我们应该对所犯错误的可预见结果保持警醒，同时又被鼓舞着去认识到，这些事实可以帮助我们更好地理解今天所面对的一切。

像高更一样，我们也倾向于把遥远的过去认作是天真和未被破坏的时代，还是一个放松、简单而又富足的天堂在堕落之前的时代。"伊甸园"和"天堂"两个词经常显著地出现在流行的人类学和历史学图书的书名里。对于一些人来说，伊甸园是前农业的世界，狩猎和采集的时代；对于另外一些人来说，它是前哥伦布的世界，白人尚未涉足的美洲；对于很多人来说，它是前工业化的世界，处在机器的轰鸣到来前的漫长寂静期。当然，人活着的时候总是会经历好的时代和坏的时代，而现实是人类把自己驱赶出了伊甸园，他们已经一次又一次地把自己的巢穴捣毁。如果我们想要生活在一个人世间的伊甸园中，那我们自己就有责任去塑造、分享并照顾好它。

在思考自己提到的第一个问题——我们从哪里来？——的时候，高更也许会同意 G.K. 切斯特顿的观点："无论人是什么，人都是一个例外……如果人不是从天上堕落到人间的神，那么人就是彻底发疯了的动物。"[10] 现今，我们对于类人猿发疯了的这五百万年的情况有了更多的了解，但我们很难想象这件事对于世界的影响有多大。

1600 年，当莎士比亚笔下的哈姆雷特宣布"人是何等的一件作品！有理性的高贵！有无限的能力！……行为如天使！思考如上帝！"[11]时，他的观众们应该也已经从哈姆雷特对于人性的惊叹、责难和讽刺等混合的感情中找到了共鸣。但是，他们中非常非常少的一部分人，如果真有的话，可能已经开始怀疑人类是上帝所造了，如《圣经》所说："上帝说，我们要照着我们的形象、按着我们的样式造人。"

他们已经准备好要忽视那些神学中因为性别、宗族和肤色而带来的矛盾和麻烦。上帝是黑人还是金发白人？上帝有肚脐眼吗？上帝身体的其他器官是怎样的？这些问题经不住太仔细的拷问。我们和类人猿的亲属关系在今天是如此显而易见，但在当时，却并没有人敢说人和猿之间有直接关联；猿猴（如果有人看见的话，在当年的欧洲很少能见到猿猴）当时被看成是人类的戏仿者，而非表亲或者祖先。

如果公元 1600 年的人们思索这些问题，那么，他们会把我们今天所谓的科学方法当作是伟大上帝精密创造的展现，用来荣耀上帝，而人类是在上帝的许可下才获得的这些能力。同时，伽利略提出了对于天体结构的困惑，这些想法在当时就像一颗未爆炸的炸弹，未被证实，也未被人们接受。（而哈姆雷特则依然相信前哥白尼时代的宇宙观，即"那勇敢高悬的天堂穹顶"。）人们几乎很少去猜想在经书信仰和实证证据间必然的冲突。这时候，大多数真正惊人的巨大发现，包括地球的年纪、动物和人的起源、天堂的形状和尺寸，都还在未来等待后人去探索呢。大多数生活在1600 年的人更易为神甫和巫师的观点所动，而不听自然哲学家的说法，尽管这三者之间的界限经常也是模糊不清的。

根据《圣经》对人的定义，还有与人相处后得到的常识，哈姆雷特认为自己知道人类是什么，而绝大多数西方人在接下来的两百年里也继续认为他们知道人类是什么。对于人类起源的理性怀疑迟迟未出现，直至 19 世纪，当地质学家发现《圣经》的纪年并不能完全解释他们在岩石、化石和沉积物中所读到的久远年岁。世界的一些文化中，比如玛雅文化和印度文化，认为时间是漫长或者无限的，而西方文化一直都认为时间是有限的。"可怜的世界有大约六千岁，"罗瑟琳（Rosalind）在《皆大欢喜》[12]中如此感叹，这一估算是典型的来自父系社会时代的估算，加之《旧约》中的"家族谱系"，以及《旧约》中其他的相关线索。罗瑟琳发出感叹后过了半个世纪，阿马（Armagh）的乌雪大主教与和他同时代的约翰·莱特福特（John Lightfoot）决定要精确测算出上帝创世的具体时间。"人是由三位一体的神所创造，"莱特福特宣称，"时间是公元前 4004 年 10 月 23 日，早上 9 点。"[13]

　　这样精确的说法在当时算是很新鲜的，但是，认为地球很年轻的观念一直是犹太教 基督教的目的论时间体系中的核心内容——时间是一次短暂的单向旅程，从创世到审判，从亚当到世界末日。牛顿和其他的思想家开始对此观念产生了怀疑，认为这是从神学角度出发来考虑的，但是，他们也没有确凿的证据或者方法来证明自己的想法和假设。后来，在 1830 年代，当年轻的查尔斯·达尔文乘坐"小猎犬"号环游世界时，查尔斯·莱尔（Charles Lyell）出版了他的《地质学原理》（*Principles of*

Geology）。他在书里指出，地球一直在逐渐地变化着，这个过程一直在进行，因此地球极有可能很古老，一如牛顿所假设的——比《圣经》所认定的年纪要大上十倍左右。[14]

在维多利亚时期，对于地球的年纪人们得出的答案越来越大——几十年里就地球就长了几百万岁——这足以给达尔文的进化论腾出足够的空间，同时也使世界范围内越来越多的巨型蜥蜴和窄额人类化石被发现，并拿到南肯辛顿和水晶宫做公开展示。[15]

1863 年，莱尔出版了一本名为《古老人类的地质学证据》（*Geological Evidences of the Antiquity of Man*）的书。而后在 1871 年，也就是达尔文的《人类的由来》出版后第十二年，莱尔又出版了《人类的演化》（*The Descent of Man*）一书。他们的看法被那些热情的推广者传播开来，这其中尤以赫胥黎为甚。在一次和大主教威尔伯福斯（Archbishop Wilberforce）关于进化的辩论中，赫胥黎提出了一个使自己成名的观点，他宁愿认一只猿猴为自己的祖父，也不愿意做一个无视事实的神职人员。[16] 于是，哈姆雷特关于人的宣称就成为了一个问题：到底人是什么？就像儿童到了一定的年龄，便不再满足于自己是被一只鹳鸟带到这个世界的说法了，具有新知识和理念的公众开始质疑旧的神话。

等到 19 世纪末时，高更开始创作他的经典画作，而他所提出的问题中的头两个，也已经有了坚实的答案。和他同时代的法国人居里夫人以及其他研究放射性物质的学者们发现了自然界的时间记录者：岩石中的一些元素。它们的分解速度可以用做衡量时间的依据。到 1907 年时，物理学家博特伍德（Boltwood）和卢瑟福（Rutherford）已经能够证明地球的年龄不是用百万年来计，而是以数十亿年来计算。[17]考古学告诉我们，人作为动物种类在进化史上是一个后来者，即使是在哺乳动物中，人类也是在早期的猪、猫和大象开始生活在陆地上之后才出现的。"人，"H.G. 威尔斯说，"仅仅是暴发户。"[18]

人类发展最非同寻常的，也就是那使人之所以不同于其他生物的东西，是我们发展出了可以以语言的方式在代际间传递的文化，这撬动了自然的进化过程。"人类的言语，"诺思洛普·弗莱（Northrop Frye）在另一场景中写道，"是一种使混乱变得有序的力量。"[19]这力量的效果是前所未有的，它使得复杂的工具、武器以及精细计划过的行为成为了可能。即使非常简单的科技也具有巨大的影响力。举例来说，人类基本的衣着和遮风挡雨的房屋，使得各种气候，包括从热带一直到冻土带的环境，都成为人类可以居住的地方。我们于是能够从生我们、造我们的环境中离开，开始塑造我们自己。

虽然成为了自己设计、自己试验的生物，但需要牢记在心的是，我们一直对这个试验的过程没有察觉，更不用说对这个过程可能带来的后果有深入的了解，这种情况直到最近的第六或者第七代人（人类已经有了差不多十万代）才开始有所改变。在这之前，人类一直是在梦游中。大自然让一部分猿猴进入了进化的试验室，把灯打开，让我们自己去拨弄一大堆不断增加的各类素材。

这个过程对于我们以及这个世界的影响从那时候就开始累积。让我们简单列出几个从最早期人类时代到现代之间的步骤：尖利的石头、动物毛皮、有用的骨头和木头片、野火、人造火、可食用的种子、种植植物的种子、房屋、村庄、陶器、城市、金属、轮子和爆炸物。这里面最让人感到惊讶的是这一过程的加速，也就是变化的高速发展和脱轨。或者，用另一个说法——时间的崩溃。从第一块打磨过的石器到第一把锻造的铁器，人类花了大概三百万年；而从第一把铁器到第一枚氢弹，人类仅仅用了三千年。

旧石器时代，从大约三百万年前制造工具的人种出现开始，一直延续到了大约距今一万两千年前最后一个冰川时代。旧石器时代横跨了整个人类历史 99.5% 的时段。在旧石器时代的大多数时间里，变化的步伐是如此缓慢，以至于整个文化传统（主要从他们所使用的石头工具反映出来）通过一代又一代人复制传承下来，几乎在很长一段时期里是雷同而无变化的。一个新的文化风格或者技术可能需要十万年的时间才能发展出来；然后，当文化开始分叉和传播，并且自己能够滋养自己之时，新风格或技术的出现就只需要一万年了；而后，就又只需要几千年甚至几百年时间了。文化变革产生了物质的变革，反之亦然，循环往复。

今天，我们已经到达了一个关口：我们在童年时所学到的技能和道德在我们三十岁的时候基本上就都过时了，年过半百的人很少能够跟得上他们自己文化的发展——无论是俗语、态度、品位，或者科技——即使他们很努力也难以跟上。我好像说得有点儿快了。生活在旧石器时代的大多数人都还没有注意到任何的文化变革。那时候人们出生时进入的世界和死亡时离开的世界是相同的。当然，在生活中的不同事件上是有差异的，比如宴会、饥荒、地方的福泽和灾难事件等等，但是每一个社会内部的各种形式和规律当时似乎是不会出现突变的。社会上只有一套行事的方法、一个神话、一套词汇表、一系列故事；很多事都是生来就如此的。

我们也可以想象和我刚刚所说不同的特例。举例来说，第一代目睹了火并初次使用的人，也许意识到了他们生活的世界已经改变了。但是我们无法确定这样普罗米修斯般的发现花了多长时间才得以实现。最有可能的是，当人们可以从野火和火山喷发那里得到火时，火得到了使用；但是很长时期内，这些火并没有被保存住。而后，相当长的一个时期里，人们保存了火种，可又花了很久才有人学会了生火。有的人可能还记得 1981 年的电影《火之战》(Quest For Fire)，其中一个角色蕾唐秋 (Rae Dawn Chong) 最喜欢围绕一层薄薄的泥土和灰烬快乐地跑来跑去。这部电影是根据比利时小说家 J.H. 罗斯尼 1911 年出版的小说《火的战争》(La Guerre du Feu)[20]改编而成。这本小说比电影更有深度地挖掘探索了过去不同的人类群体之间为了垄断火源而展开的致命竞争，在很大程度上，这样的竞争让人想到了现代国家为了垄断核武器而进行的竞争。在人类历史上，在我们的祖先只能够照顾好手头拥有的火，却不能够生火的数十万年间，在一个冰川时代的冬天里把敌人的营火扑灭，这种行为不亚于一次大规模的屠杀。

人类最初驯服火的时间很难确定。我们所知道的是，至少在五十万年前人类已经在使用火了，也可能在一百万年前就做到了。[21]那是 Homo erectus 的时代，也就是"直立人"的时代，直立人在颈部以下和我们非常相似，只是其大脑仅有现代人大脑容量的三分之二。人类学家们依然在争论，到底直立人是什么时候开始出现，又是什么时候被新的人种所取代的。这两个问题基本上是界定人类进化阶段的核心问题。学者们对于直立人的思维和语言能力也还存在着不同看法。

　　现代猿类的大脑比直立人的大脑要小很多，它们使用简单的工具，对于药性植物有较广泛的知识，并且能够在镜子里认出自己。在使用非口语交流的方式（计算机符号、手势语言等）对猿类进行研究后，可以发现它们可以掌握并使用差不多几百个"词汇"，但是研究人员对于猿类的这种语言能力在野外的沟通和交流中有什么作用看法不一。可以肯定的是，在同一个种群中的不同群体——例如在非洲不同地区的黑猩猩就有不同的生活习惯和传统习俗，这些也会如人类那样由老一代传递到年轻一代身上。简单来说，猿类已经有了文化的雏形。其他一些智慧的生物也如此，比如鲸、象和某些鸟类。但是只有人类是一个例外，人的进化把文化变作了人类进化的核心原动力，使人能够克服环境和物理的限制而发展。

　　人和猿类的血脉在大约五百万年前就分道扬镳了。如我前面所述，能够制造一些简单石器工具的原始人类要在那之后两百万年才会出现。因此，低估直立人的能力是愚蠢的，毕竟，五十万年前当直立人用营火烤着自己长了老茧的脚时，他们已经走完了从猿类祖先到人百分之九十的路程。随着人类驯服野火，人类的数量出现了历史上第一个高速增长期，因为火使得人类在很多自然环境里的生活都变得更容易了。火能够保持洞穴的温暖，并且驱赶强大的天敌。烹煮和烟熏大大增加了人类可以依靠的有效食品供应。对于低矮植物的燃烧帮助扩大了猎物的食草面积。现在人们认识到，过去有很多狩猎者和采集者栖居的荒野之地，如北美的大草原和澳大利亚的荒野，其实是由于人类有意而为的火烧才形成的。[22]"人类，"著名的人类学家和作家洛伦·艾斯利（Loren Eiseley）如此写道，"自身就是一把火，燃烧过动物的世界，攫取了动物世界巨大的蛋白质储存，为自己所用。"[23]

专家们基本都同意的最后一件大事，是直立人起源于非洲，这块土地也是所有早期原始人类的家乡。直立人一百万年前生活在"旧世界"——依然连成一块的亚欧大陆板块——的若干块温带及热带地区。这并不是说直立人的数量已经很多，即使是在他们驯服了火之后。当时，也许只有不到十万的直立人以家庭群落的方式散落在各地，而他们就是那些进化失败的物种和今天约六十亿人之间唯一的传承和过渡种群。[24]

在直立人之后，关于进化的道路路径就变得混乱起来，被相互对立的人类学家阵营踩得泥泞不堪。一个阵营的人类学家持"多元区域"的假说，他们认为直立人通过适应逐步进化，开始通过基因混合，也就是与陌生种群进行交配的方式，进化为现代人类。这个观点与许多化石发现比较吻合，但是与 DNA 的分析解释则不那么相匹配。另一个被称为"走出非洲"的人类学家阵营认为，大多数的进化变革发生在非洲大陆，然后爆发性地传遍世界其他的角落。[25]他们还认为，新兴的和更加完善的人种在其居住的地方消灭掉之前的人种，直到所有的低前额种群灭绝为止。这种理论意味着每一波新出现的非洲人种都属于一个不同的种群，并且不会和之前种群的后裔交配和繁殖。这一假说成立的基础是不同的人类种群在长时间的进化过程中都毫无接触，否则假说很难成立。[26]

关于人类进化的讨论，在我们谈论到最具争议性的表亲——尼安德特人的时候，达到了白热化阶段。尼安德特人主要生活在欧洲和西北非洲地区，并且是出现在人类进化历史中比较近现代的时期，也就是最后二十分之一的时段。要是有一个尼安德特人时代的高更，在今天由于不断退化的冰川解冻苏醒过来，他也可能会问："我们是谁？我们从哪里来？我们曾去过哪里？"答案似乎要视他问的是谁而定了，因为专家们甚至都不能对他的学名达成一致。

尼安德特人大致是在十三万年之前出现，过了十万年的时间就消失了。他们出现的时间比起消失的时间要更不确定，但是看起来他们生存的时段和另一个被认为是我们人类现代始祖的早期种群大致相同，后者通常被称为克罗马农人，以法国南部可爱的多尔多涅（Dordogne）地区的一个岩石屋命名，那里是世界上化石记录最丰富的地区之一。

自从被首次发现以来，尼安德特人就成了我称之为"远古种族主义"（palaeo-racism）的受害者，他们被调侃性地描绘成卡通洞穴人、次人类、傻瓜种。H.G. 威尔斯称他们为"令人害怕的人"，并且尝试对他们的样貌做了一个并不积极的猜想："毛发异常浓密，丑陋……一个令人作呕的奇怪前额，如昆虫般的眉毛，猿猴的脖颈，还有那低级的姿态。"[27] 很多人还宣称尼安德特人是食人一族，这可能是真的，因为我们也是——后期人类在相当长的一段时期内也是食人的，直至现代。[28]

第一具尼安德特人的骸骨在 1856 年于德国杜塞尔多夫附近山谷中的洞穴里被发掘出来。挖掘地点是以作曲家瓦西姆·纽曼（Joachim Neuman）的姓氏命名的，而纽曼很富有感情地把他的姓氏改成了希腊语的尼安德（Neander），转写成英文后就是尼安德特（Neanderthal），意思是"新人山谷"（Newmandale）。这个名字真是很适合情境：一个新人种确实是在这个山谷中现身，进入了人们的视野，一个年纪至少三万岁的新人种。当然，尼安德特人的高龄并不是立刻就被世人认识到了的。法国人注意到尼安德特人的头骨厚度，但是更倾向于认定这是一个德国人的头骨。德国人则认为这更像是一个斯拉夫人的头骨，是一个哥萨克雇佣兵爬进了洞穴，而后死在了里面。[29] 仅仅三年后，在 1859 年时发生了两件事：达尔文出版了《物种起源》；而查尔斯·莱尔，在参观了索姆河（River Somme，六十年后，这个地方因成为了人类大屠杀的现场而变得臭名昭著）的碎石后，发现打磨尖锐的燧石其实是冰河时期的武器。

当科学家们意识到尼安德特人不是哥萨克人后，他们马上把他放到了人类进化进程"缺失的一环"中，扮演这个新角色——介于猿类与人类之间，在进化道路中途行进的难以界定的角色。尼安德特人刚好在恰当的时间出现成为恰当的人，"在他愤怒的寂静和神秘中，显示着……不可想象的事实：人曾经是动物。"[30]人们认为这个尼安德特人的语言能力极弱或者根本没有，他跑起来像是狒狒，走路的时候是用脚外侧着地。随着越来越多的骨头出土并且得到分析，上述的观点站不住脚了。"最像猿类"的骨架被发现曾患有骨关节炎，并因此导致行动极端困难，而且，明显看出了他在很多年里都得到了社群的帮助。逐步地，证据表明这些"令人害怕的人"不仅仅照顾了社群中的病患者，而且在埋葬死者时还举行了宗教仪式——使用了花、赭石和动物的角——他们是地球上已知的首批这么做的人。最后，但绝非不重要的事实是，尼安德特人的大脑比我们的大脑还要大。也许尼安德特人并不粗暴，也许他们应该被认作是现代人的一个亚种群：智人尼安德特。如果这种说法成立，那么根据定义，上述的两个种群应该有过交叉繁殖。[31]

这两个种群在欧洲开始竞争之前，克罗马农人居住在地中海以南，而尼安德特人则居于北。那时候的中东如同今天一样，处在文化的十字路口。在这个混乱的地区发现的人类生活遗址显示，尼安德特人和克罗马农人大约在十万年前都曾经占据过这里。我们不能确定他们是否在同一时期居住在那里，更别说去猜测他们是否在这神圣的土地上和谐共处过。最有可能的是，他们之间有过不同时段的占据，在冰川时期的寒冷天气里，尼安德特人从欧洲往南移居，而克罗马农人则在天气变暖的时候从非洲向北迁移。最有意思的是，两个种群的物质文化在大约五万多年的时间里很相似，这从他们生活中的器物上可以看出。考古学者们发现，如果不是同时挖掘出人骨和工具，他们很难判断出洞穴里曾经生活过的是尼安德特人还是克罗马农人。我把这个视作一项很重要的证据，表明这两个种群具有非常相似的思维和语言能力，谁也不比谁更加原始，或者"进化得更少些"。

到目前为止，还没有发现任何尼安德特人的血肉、皮肤或者毛发，所以我们不能确定他们是棕发还是金发，如以扫那般多毛还是如雅各般皮肤光滑。我们对克罗马农人的外表长相同样也知之甚少，但是基因研究的结果显示，绝大多数欧洲人都可能是他们的后裔。[37]对这两个种群，我们都只能通过他们的骸骨进行研究，他们的身高大致相同，差不多有五到六英尺，性别之间也有差异。从身体的强壮度来说，一个种群是生而有力，另一个则是生而快速。尼安德特人长得孔武有力，像是职业举重选手或者摔跤运动员。克罗马农人则轻盈优雅，更像是田径运动员，而不是健美选手。我们很难知道这些差异到底是不是天生的，又在多大程度上反映了他们的生活习惯和生活方式。1939年时，人类学家卡尔顿·库恩（Carleton Coon）画了一幅洗了澡、刮了胡子，戴上一顶软呢帽（fedora），穿了西服打了领带的尼安德特人的还原像。这样的一个男人，库恩评价说，可以走过纽约地铁而无人注意到他有什么特别之处。

正如这样的比喻所示，尼安德特人和克罗马农人的骨架和我们现代人相差无几。如果把阿诺德·施瓦辛格和伍迪·艾伦的骨架排列在一起，可能和尼安德特人与克罗马农人之间的体型比较十分相似。但是，头骨的比较却是另外一回事了。所谓的古典尼安德特人（classic Neanderthal，这个称谓很有误导性，因为它是基于一些本身自然会实现的明显例子）的头骨很长，额头窄，前部有额脊，在颈背处有一个台状的骨突起，被称为尼安德特人的"圆发髻"或者"假髻"。他们的颚非常健壮，牙齿很强健，下巴是圆形的；鼻子较宽，应该也比较短。第一眼看过去就会有很原始的感觉，看起来和直立人的构造很相似。但是，我之前也讲过，尼安德特人的平均脑容量要比克罗马农人的大，所以虽然库恩画作中地铁乘客的头骨非常厚实，但他不一定是个笨家伙。

如上所述，我认为，让尼安德特人看起来很古老的一些特质，实际上是对寒冷气候的适应过程作用于一个已经是现代人的身体构造上的结果。[33] 现代人类的前额构造使得人的大脑会因为严寒而损坏，而冰冷的空气可以冻伤肺部。尼安德特人的大脑则被厚实的前额和位置更低，但空间很大的颅腔保护住了。进入尼安德特人体内的冷空气会通过宽大鼻腔的温润后才进入肺部，况且他们的整个脸部也有很好的血液供应。由于身体构造的坚实，壮实的人比瘦削的人流失身体热量的速度要慢。类似的身体适应现象（起码在体型上），在现代因纽特人、安第斯山人（Andeans），以及喜马拉雅山地人（Himalayans）当中也可以见到，这些适应仅是这些人种生活在极度严寒中几千年的结果，更不用说欧洲的尼安德特人，他们在冰河时期的前沿生活了差不多十万年。

对于尼安德特人来说，一切都还不错，直到大约至今四万年前，克罗马农人开始从中东向北、向西移动。在那之前，寒冷一直都是尼安德特人的强大盟友，就像俄罗斯寒冷的冬天那样，总能把侵略者赶回去。但是这一次，克罗马农人来了就不走了。这次的入侵似乎和当时气候的不稳定现象关联很深：在差不多十年的时间里，海洋的洋流出现了突然的逆转，导致了北大西洋冰冻而后又融化的异常现象。[34] 这样剧烈的变化，犹如我们今天因为全球变暖而做出的最坏的预测，摧毁了尼安德特人赖以生存的动植物种群。据我们所知，他们食用多种大型动物，一般用伏击的狩猎方式捕获。他们骨头的断裂痕迹与现在西部牛仔们经历的骨裂很相似，这展示出他们在猎杀动物时是近身肉搏的。我们还知道，他们不是以游牧为主，而是常年生活在同一个山谷、同一个洞穴里。人类通常被称为是"野草种群"，在变化的环境中也可以蓬勃发展。在我们所谈的这两个种群里，相比而言，尼安德特人是更能扎根的种群；而克罗马农人则像是具有侵略性的荆棘。气候变化一定使所有人的生活都很艰难，但是，不稳定的条件也可能把进化的优势带给那些在身体构造上并非最强壮，在近身搏斗上稍弱，但运动更敏捷的种群。

我记得，在我还是一个学生的时候看过一部漫画，我印象中应该是在《笨拙》(Punch)杂志上看到的，有三四个讨人厌的尼安德特小男孩儿站在悬崖边缘，纠缠着他们的父亲："爸爸！爸爸！今天我们能不能去向克罗马农人扔石头？"距今四万至三万年前，在大约一万年的时间里，晚期的尼安德特人和早期的克罗马农人也许真的相互扔过石头，更可能还互相扑灭过营火、偷过猎物，甚至抢夺过妇女和儿童。在让人觉得无比漫长的斗争的最后，欧洲和整个世界都属于了我们现代人，而"古典"的尼安德特人却永远消失了。到底发生了什么？是尼安德特人整个消亡了，还是他们在一定程度上被同化了？

这一万年的斗争过程如此缓慢，以至于察觉不到。在一个尼安德特人的一生中，所经历的都是无明确胜负结果的战争，失去和赢得的土地也仅仅只有那么几英里。但需要指出的是，如同所有的战争一样，这场战争也激发出了创新精神。新的工具和武器出现了，新的服饰和仪式出现了，岩洞绘画也开始出现了（这一艺术形式在冰河时期的最后一次大冲击时达到高潮，而这时，"古典的"尼安德特人已经消失了）。我们也知道了他们的文化交流和接触是双向的。晚期的尼安德特人在法国的遗址向我们展示了一个前所未有的变革和适应的步伐。[35]那时接近战争的末尾，所以战争的影响一定已经清晰地显现出来了。事情的发展似乎是这样的：最后的尼安德特人群落在西班牙和南斯拉夫的大山里坚守着，被一步步驱赶到条件更恶劣的环境里，就像北美土著阿帕奇族人一样。

如果我上面描绘的这幅战争图景是真实的，那么，我们就面对着一个令人难以接受的结论。这个结论也使得有关尼安德特人的讨论时常变得情绪化：这不仅仅事关古代的人，更是关于我们自己。如果尼安德特人确实是因为自己进入了进化论的死胡同，那么对于他们的消失，我们可以耸耸肩然后责怪物竞天择给他们带来的命运。但是，如果他们确实是人类的一员，或者人类的一个亚种群，那么我们必须承认，他们的消亡可能是人类第一次种族灭绝行为的结果。或者，更糟的是，这可能不是第一次种族灭绝行为，而仅仅是第一个我们发现了确凿证据的种族灭绝行为。由此推论，从我们的祖先传递给我们的是一百万年残酷的胜利，先辈们已经为我们种下了如此残暴行为的基因。正如人类学家米尔福特·沃尔普夫（Milford Wolpoff）在谈到这段时期时所说的，"你难以想象一个人类群体在取代另一个群体时不使用暴力。"[36]确实很难，在这片血迹斑斑的欧洲大地上，从石器时代最后的凶兆到索姆河屠杀的例子面前尤为如此。

在第二次世界大战后的创伤中，威廉·戈尔丁在他非凡的小说《继承者》中对古代的种族灭绝行为做了探究。带着令人惊叹的确凿性，戈尔丁与读者一起进入了一个没有被命名的早期人类种群中。这本书的题记引用了威尔斯对尼安德特人的描绘，但是书中人类学的详细描写更符合一个比尼安德特人更早的人类种群。

戈尔丁笔下的人物很有礼貌，很天真，是居住在林地里的猩猩人类。他们不以食肉为生，即便食肉也是只吃大型食肉动物吃剩下的；他们的语言能力不强，心灵感应交流多过用语言；他们会使火，但没什么像样的武器，也从来没想过这个世界上除了他们外还会有其他人。

戈尔丁的时空错位问题并不重要：他笔下的人也许并不符合过去真实的古人骸骨的任何特征，但是他们可以代表过去的很多人种。在若干个春天的日子里，这些生活在林地的人第一次遭到来自如我们一般的人种的侵袭，尽管林地里的人种被入侵者一个一个屠杀掉，但他们在面对侵略者的船、篝火、弓箭、嘈杂的人声、砍倒大片树林和饮酒纵欲时，感到既困惑，又神往。最后，林地里的人种只剩一名哭泣的婴儿幸存下来，他被入侵者中一个失去了孩子的母亲留了下来，得到了母乳。入侵者接着继续扫荡新的土地，他们的领袖继续策划着更多的谋杀，这些谋杀该轮到自己人了。领头人将武器磨得锋利无比，以此"对抗世界的黑暗"。

戈尔丁毫不怀疑，史前时代里那些残暴者一定是胜利的一方，但是他还是提出了一个至今没有答案的问题：在现代人类的血管里是否还流着尼安德特人的血？在长达一万年的时间长河里，在人类种群的互动中，不同种群间没有过性行为的可能性有多大？如果有性行为，那么有没有孕育和生下孩子呢？对于尼安德特人骸骨的 DNA 研究至今也没有定论。[37] 但是，最近在葡萄牙发现的一个儿童骸骨显示了交叉繁殖的可能，从克罗地亚和巴尔干等其他地方发现的骸骨也佐证了这种可能性。[38]

我也有一些个人的证据，用来支持尼安德特人的基因依然与我们同在的假说。有一部分现代人的头部有一个易于辨识的隆起。[39]我刚好就有这样一个隆起，就在后脑勺上，看上去和摸起来都很像尼安德特人的"发髻"。因此，除非新的发现能够证明有其他的可能，否则我选择相信尼安德特人的血液依然在克罗马农人的血液里流淌着，无论稀浓。[40]

尽管有关我们祖先的很多细节还需要进一步论证，但20世纪已经对高更所提问题中的前两个做出了宏观的回答。毋庸置疑的事实是，我们是猿类，并且，无论我们走的是什么路径，我们基本上都是从非洲走出来的。不过，与其他猿类不同，我们插手了我们自己的命运，现在比过去更多。长久以来，世界上并不存在高更徒劳找寻的那个启蒙时代的"自然人"。如同那些患了关节炎并得到了家庭照顾的尼安德特人，我们的生活离不开我们的文化。我们已经遇见了哈姆雷特口中"那件杰作"的创造者——我们自己。

注释：

［1］因为负担不起油画画布，高更的精品画作是画在很长的麻布上。

［2］引自 Gavan Daws，*A Dream of Islands*（Honolulu：Mutual Publishing，1980）.

［3］Sydney Pollard，*The Idea of Progress*：*History and Society*（London：C.A.Watts，1968），p.9ff.

［4］同上。

［5］还不仅仅是宗教观念的式微。维多利亚时代的考古学把金属界定为科技的进步；而在古典世界，科技进步的界定刚好反了过来：科技的进步见证了一个滑向廉价和堕落的过程，从黄金的时代滑落到铜器的时代，最后是铁器时代。

［6］本书作者 Ronald Wright，*Stolen Continents*：*Conquest and Resistance In the Americas*（Boston：Houghton Mifflin，1992），p.5.

［7］上个世纪美国的冷战斗士们习惯于威胁要"把苏联人炸回到石器时代"。我不知道是否俄罗斯人也发出过同样的威胁，但这样的威胁确实是一个我们必须正视的问题。如果双方互投核武器，即使没能毁灭所有的高级动物，也一定会终结世界范围内的文明。因为在核冬天里，人能食用的作物不会再生长。

［8］参见 Francis Fukuyama，*The End of History and the Last Man*（New York：Free Press，1992）。

［9］Alexander Pope，*An Essay on Criticism*，1711；Thomas Henry Huxley，*On Elementary Instruction in Physiology*，1877.

［10］引自 Robert J.Wenke，*Patterns in Prehistory*（Oxford：Oxford University Press，1980），p.79.

［11］威廉·莎士比亚，《哈姆雷特》，第二幕，第2场。

［12］威廉·莎士比亚，《皆大欢喜》，第四幕，第1场。

［13］引自 Glyn Daniel，*The Idea of Prehistory*（Harmondsworth，UK：Pelican，1962），p.19.

［14］通过对铁的冷却速度的大量计算，牛顿已经怀疑地球可能至少有五万岁了。而18世纪法国思想家 Benoît de Maillet 和布丰（George-Louis Leclerc de Buffon）则认为地球的年龄还要更大。但是，他们的计算方法没有得

到多少人的认可。见 Martin Gorst, *Measuring eternity*: *The Search for the Beginning of Time*（New York：Broadway Books，2001），pp.93–121.

[15]当时的物理学家开尔文男爵对达尔文的进化论时间框架进行了反击，他认为太阳的年纪不够大，难以支撑进化论的时间进程。但是他的观点遭到了普遍的质疑，最终也被证明是错误的。

[16]托马斯·赫胥黎当时的讲话没有被记录下来，因此他当时具体说了什么，后来的记叙各有不同，但大致内容是一致的。

[17]Gorst, *Measuring Eternity*, p.204.

[18]H.G.Wells et al., *The Science of Life*, vol.2（New York：Doubleday，1929），pp.422–423. 与他同著此书的合作者朱利安·赫胥黎（Julian Huxley）是达尔文进化论的倡导推动者托马斯·赫胥黎的孙子。

[19]Nothrop Frye, "Humanities in a New World" in *Three Lectures*（Toronto：University of Toronto Press，1958），p.23. 有一些专家把语言看成是比较近期的现象，但是我认为语言很可能已经经历了一个非常漫长的发展过程，随着大脑的发育而逐步变得复杂精细。在猿猴和人类的脑结构中，很多的差异都是位于掌管语言的区域。见本书第二章的注释11。

[20]罗斯尼 1856 年生于布鲁塞尔，而后在英格兰当记者，在 1886 年移居到巴黎，成为宫廓学院（Academy Goncourt）的主席。

[21]在法国南部的特拉阿玛塔（Terra Amata）一间有四十万年历史的海滩屋中，似乎有一个灶台。而在还要早一百万年的非洲，也有了"使用火的痕迹"。参见 Ian Tattersall, *The Last Neanderthal*: *The Rise，Success，and Mysterious Extinction of Our Closest Human Relatives*（New York：Westview Press，1999），p.72.

[22]参见 Loren Eiseley 写于 1954 年的论文 "Man the Firemaker"，刊登于 *The Star Thrower*（New York：Harcourt Brace Jovanovich，1978），pp.45–52.

[23]同上，p.49.

[24]基因数据显示，在历史上的某个时间点，"我们人类的存在如同山地大猩猩今天的状态一般危在旦夕……总数降到了只有约十万。"Christopher Stringer and Robin McKie, *African Exodus*: *The Origins of Modern Humanity*（New York：Henry Holt/John Macrae，1997），p.11. 在旧石器时代上半段，即大约距今三万五千年前，Christopher Stringer 估算出智人（Homo Sapiens）当时是

"一个拥有至少三十万人,并且在繁衍中的群体"。同上,p.163.

［25］更多"走出非洲"的假说,请参阅 Stringer and McKie, *African Exodus*. 想了解与之相对的假说,可以参阅 M.Wolpoff, G.A.Clark, J.Relethford, 和 F.H.Smith 的作品。欲了解一个相对平衡的假说综述,可参阅 Richard Leakey and Roger Lewin, *Origins Reconsidered*: *In Search of What Makes Us Human*（New York: Doubleday, 1992）.

［26］即使种群不同,比如马、斑马和驴,也能够相互交配繁殖,再比如狮子和老虎也是可以交配的,尽管通过这种杂交产下的后代会丧失生育能力。几乎可以肯定的是,上述这些种群在此方面存在的进化差异比早期人类种群之间的差异要大得多。

［27］见 H.G.Wells, *The Outline of History*,被 William Golding 用作了 *The Inheritors*（1955）的题辞。

［28］W.Arens 在 *The Man-Eating Myth*: *Anthropology and Anthropophagy*（New York: Oxford University Press, 1979）一书里谈到的世上没有记录完好的食人案例（为生存而食人的情形除外）的说法并不能够站住脚。尽管如他所宣称,有很多所谓食人的指控都是来自敌对种族和群落的人没有根据的宣传,也有很多坚实的证据证明了食人行为的存在:屠宰后的骨头、特制的炊具、可信的民族学和历史学的数据等。仪式性食人行为和饮食性食人行为都有,特别是在太平洋地区。在宗教改革时代的欧洲战争中以及 1960 年代至今的非洲战争中也记录了不少惨绝人寰的食人行为。

［29］Tattersall, *Last Neanderthal*, p.77. 这是本有用的参考书,但是 Tattersall 认为尼安德特人是一个没有现代后裔的独立种群。

［30］Erik Trinkaus and Pat Shipa, *The Neanderthals*: *Changing the Image of Mankind*（New York: Knopf, 1993）, p.6. 这两位作者对于相互冲突的证据给出了一个很好的总结概述。如果想了解更多最新的有关人类起源和尼安德特人问题的讨论,请参阅 *General Anthropology 7*, no2（Spring, 2001）,一份由美国人类学协会出版的学术简报。

［31］持有此观点的人们采用的分类法如此:他们称尼安德特人为尼安德特智人（Homo sapiens neanderthalensis）,称克罗马农人和其他现代人为晚期智人（Homo sapiens sapiens）。

［32］Ornella Semino 和其他基因学家论断称,超过 80% 的现代欧洲人的基因库

都可以溯源至旧石器时代晚期，而 20% 的基因则来自新石器时代从中东迁移而来的农民，这在时间上要晚很多。见 *Science*，2000 年 11 月 10 日。

[33]一个能够证明此事实的指标是：早期尼安德特人的头骨构造基本上比晚期尼安德特人的头骨要更弱一些。Tattersall, *Last Neaderthal*, p.147.

[34]Christopher Stringer, "The Evolution of Modern Humans：Where Are We Now？" *General Anthropology 7*, no.2（Spring 2001）.

[35]这一文化阶段被称为 Chatelperronian，大约在三万六千年前达到高峰，主要在法国西部的圣塞萨尔地区。Tattersall, *Last Neanderthal*, p.145. 同时参见 Francis.B.Harold, "The Case Study of the Chatelerronian", *General Anthropology 7*，no.2（Spring 2001）.从分析依然活跃的地块和遗址，Donald Henry 和他的合作者论断说："在尼安德特人生理和行为之间的常识性关联……基本上是不可信的。"Donald Henry et al., "human Beavioral Organization in the Middle Paleolithic：Were Neanderthals Different？" *American Anthropologist* 106，no.1（March 2004）.他们发现，没有理由认为尼安德特人和克罗马农人在认知能力上有差异。

[36]引自 Leakey and Lewin, *Origins Reconsidered*, p.280ff（caption to plate 4）.

[37]这些研究是基于保存得非常差的原始材料上的部分基因序列。见 John H Relethford, "New Views on Neanderthal DNA", *General Anthropology 7*, no.2（Spring 2001）.

[38]葡萄牙的遗址是在 Lagar Velho，那里发现的骸骨差不多有两万四千年的历史。

[39]Trinkaus and Shipman（*Neanderthals*，p.415）如此描写了中欧的情况："有大量证据表明在尼安德特居民和逐渐来自 Levant 的早期人类之间有持续的进化、基因的混合以及交叉繁殖的行为。"同时参阅一部由 Loren Eiseley 所写的感人回忆录 *Star Thrower*, pp.139-152，他令人信服地指出尼安德特人依然活在我们中间。而 Tattersall 认为尼安德特人是完全不同的一个种群，他指出尼安德特人的发髻（枕骨隆起）和与之相连的下陷区域是"只有尼安德特人才有的特征"（Tattersall, *Last Neanderthal*, p.118）。可是，我就有个一模一样的特征。

[40]类似的是，许多美国印第安人、澳大利亚土著人、非洲人，以及其他流离他乡的人都慢慢被融入了"白种人"的人群里，很大程度上都不清楚自己混合的血裔了。

第二章

伟大的试验

有个喜好逻辑谬论的人，曾经把专家定义为"那些对越来越少的事情知道得越来越多的人，直到有一天他们会一无所知。"很多动物都很专门化，它们的身体是为特定的生态环境和生活方式而调适的。专门化带来了短期的回报，但是从长期来看会把动物带入进化的死胡同。当剑齿猫科动物的猎物灭绝后，它们也会跟着灭亡。

　　现代人类，也就是我们，是一个全才人种。我们没有尖利的牙齿，没有爪子，体内也没有储存的毒液。相反，我们制造并使用工具和武器，比如刀、矛和有毒的箭头。一些初级的发明，比如保暖的衣物和简单的水上舟船，使得人类在最后一个冰河时期结束前可以到达世界的各个角落。[1]我们人类的专门化体现在大脑上。人类大脑通过文化与自然发生互动关系的灵活性，成为了人类成功的关键因素。在面对新的威胁和需求的时候，文化比基因要更加迅速地做出调整和适应。

　　但是，正如我在前一章里所提到的，这里还是存在风险。当文化变得越来越精细，科技越来越强大，文化自身就变作了笨重的专门化产物，极其脆弱，并且在极端情况下会致命。原子弹，一个从弓箭到子弹之后的逻辑性进步，成为了第一种能够导致人类灭亡的科技。这就是我所说的"进步的陷阱"。而即使回到遥远的石器时代，远比原子弹简单得多的科学技术也可以诱导并摧毁当时的人类社会。

在上一章里，我提出了保罗·高更在他 1897 年画作中的三个问题，我们从哪里来？我们是什么？我们去往何方？在实用层面上，人类学已经回答了前两个问题：我们现在知道人类是大约五百万年前生活在非洲的猿类的久远后裔。现代猿类也是从同一个猿类种群里演化而来，但是，它们是我们的亲戚，而不是我们的祖先。我们和黑猩猩以及大猩猩的主要区别在于，过去的三百万年间，我们越来越少地受到自然的塑造，越来越多地被文化所影响和塑造。我们已经成为了我们自己制造的试验生物。

这项试验是前所未有的。而我们，在无意中从事了它，并从来没有对它进行过有效的控制。这项试验现在正以高速进行着，其规模也已是非常庞大。从 20 世纪初以来，世界人口已经增长了差不多四倍，而全球经济这个衡量人类对自然负担的粗略数据，则增长了四十多倍。我们已经来到了必须把这个试验控制在理性范围的阶段，并且要防范现在和未来可能出现的危险。这一切都取决于我们，如果我们失败了，就是说毁灭或者破坏了生物圈，以至于它不再能够支撑我们的发展，那么大自然就会耸耸肩，认定让猿类来操控试验室可能在短期内还挺有意思，但是长久来说，是一个很糟糕的主意。

我们已经造成了如此多的物种灭绝，最后在化石层的记录里，人类对地球的统治可能会显现得如同陨石撞击给地球所带来的影响那样。到目前为止，我们的影响与当年彻底打垮恐龙的那颗小行星相比[2]，只能算是一颗很小的小行星。但是，如果由人类的影响造成的物种灭绝持续更长时间，或者如果我们使用了大规模杀伤性武器，我指的是那些由超级核大国拥有的大量的真家伙，那么接下来的这层化石，就会真实地显现出地球生命中一页巨大的空白。

我在前一章里指出，史前时期，就像有历史一样，已经告诉了我们好人不会获胜。说得好听点儿，我们现代人是很多残暴胜利者的后裔；说得难听点儿，我们就是种族终结者的后代。我们很可能是那些不断消灭了对手的人的后裔——这样的灭绝在三万多年前，我们的尼安德特表亲令人不解的灭亡时达到了顶峰。无论事件的真相如何，它都标志着旧石器时代晚期的开端，同时也是旧石器时代三个阶段中的最后一个短暂的阶段，大约占整个旧石器时代时间的百分之一。

在这一章里，我要探讨我们能够从第一个进步的陷阱中——狩猎方法的改善和进步，最终结束了旧石器时代——学到了什么；并且，我们如何通过发明了农业而逃离了陷阱，引领开始我们最伟大的试验：世界文明。然后，我们需要问自己一个急迫的问题：文明自身是否会成为另一个陷阱，甚至更大的一个陷阱？

旧石器时代大约开始于三百万年前，其标志是粗犷的正向人类进化的第一批野兽制造了第一批初始性的工具；旧石器时代结束于仅仅大约一万两千年以前，当时，大冰原最后一次退化到了两极和山脉，等待着下一步的气候变化。从地质学的角度来讲，三百万年只是一眨眼的工夫，如果把地球生命算作一天，那三百万年只相当于地球生命里的一分钟。但是从人类的角度来看，旧石器时代是时间的深渊，它占据了人类存在时间的99.5%。从旧石器时代出发，我们昨天才缓慢爬上了文明柔软的床。

即使是我们的现代亚种群，晚期智人（Homo Sapiens Sapiens）的出现，也要比最古老的文明还要早十到二十倍的时间。但是，如果我们以主观的人类经验来衡量的话，也就是用作为个体生命的总和来看待，生活在文明世界的人数远远超过了其他任何时期。[3]文明并没有很深远的时间长度，但是它的广度很大。因为它既是人口大爆炸现象的因，也是果，所以人口大爆炸现象至今仍在延续。

我该说得更清楚一些，这里我对"文明"和"文化"的界定是从技术的、人类学的角度出发的。我所指的文化是任何一个社会的知识、信仰和行为实践。文化可以是一切：从素食主义到食人主义；贝多芬、波提切利，还有在身体上穿孔；你在卧室、洗手间以及你选择的教堂（如果文化允许你自由选择教堂的话）里做的所有事情；还有所有的科技，从劈开的石头到原子裂变。而文明则是一个具体的文化类型：大型、复杂的社会，其核心特点是对植物、动物和人类的驯化。[4]不同文明具有不同的构成和表象，但通常都有城镇、城市、政府、社会阶层，以及专门化的职业分工。

所有的文明都是文化或者文化的集合，但是，并不是所有的文化都是文明。

考古学家们基本上都认同世界上第一批文明属于主要居住在美索不达米亚南部，或者现今伊拉克所在地的苏美尔文明和埃及文明，这两处文明都在公元前三千年左右出现。到公元前一千年的时候，文明在世界上呈带状出现了，最显著的包括印度、中国、墨西哥，以及欧洲的一部分地区。

从古到今，文明的人们相信自己的行为以及整体素质，都要比所谓的野蛮人更好。但是，与文明相联的道德价值观是华而不实的：经常，这些道德价值观被用来印证对其他更弱势社会的攻击和统治的正当性。在殖民统治的巅峰时期，法国人有他们自己的"文明使命"；而英国人则有自己的"白人的负担"，当然这负担的重量被自动化武器分担了。正如西莱尔·贝洛克（Hilaire Belloc）在1898年时写道，"无论发生什么，我们都有马克西姆机关枪，而他们没有。"今天，华盛顿宣称自己在领导和保护着"文明社会"，而这些美国人的传统最初可是以驱逐和消灭当地最早的原著民为开端的。[5]

罗马斗兽场、阿兹特克祭祀、宗教法庭的火刑，纳粹集中营，所有这些都是高度文明社会的作品。[6]单单在二十世纪，就有至少一亿人死于战乱，其中多数是无辜的民众，[7]野蛮人也没有做得比这还糟。站在斗兽场和集中营的门前，我们没有其他选择，唯有放弃文明可以确保道德进步这一希望。

当 1930 年代甘地来到英国就有关印度自治的问题谈判时，一个记者问他对于西方文明的看法。刚刚访问了伦敦贫民区的甘地回答说："我觉得那是个非常好的想法。"[8] 如果我的语气听起来对文明太严苛的话，那是因为我和甘地一样，希望文明能够实现它的承诺，实现成功。我宁愿住在一间房子里，而不是岩洞里。我喜欢伟大的建筑和好书。我喜欢自己知道自己是猿类，世界是圆的，太阳是一颗恒星，恒星都是太阳。这些我们习以为常的知识，要经过几千年的时日才能够从过去"混乱和古老的夜晚"里扭转过来。[9] 因为自身的各种残酷，文明是一项珍贵并值得继续进行下去的试验。它也是非常不稳定的：当我们在进步的阶梯上向上爬的时候，每爬上一层，我们就把下面的梯级给蹬掉了。没有回去的可能了，除非顶着灾难性的风险。那些不喜欢文明的人，恨不得立马看到文明摔倒在自己的脸上，但他们应该记住，除了文明，没有其他的方式可以支撑我们今天这样数量和状态的人类继续生存下去。[10]

今天，旧石器时代似乎已经过去了很久，我们几乎都不会再想到那个时代。可是，旧石器时代的结束离我们如此之近，仅仅比基督降生以及罗马帝国成立再往前六倍的时间而已，以至于自从人类离开洞穴之后的所有巨大的变革，都是文化上的，而不是生理上的。一个像我们这种寿命很长的种群，在这么短的时间内难以实现生理上的巨大演化。这就意味着，当文化和科技不断累积的同时，人类天生的脑力就无法跟上了。[11]

正如约翰逊博士（Dr.Johnson）在笑话里所嘲讽的，如果一个苏格兰人在小时候就被抓住的话，他还是个可造之才。一个旧石器时代晚期的孩童如果被我们从篝火边掳走，然后在我们中间长大的话，他或她会和我们有同样的机会去获得一个宇宙物理学或者计算机科学的学位。借用一个电脑操作上的比喻，我们人类是在一台距离上一次升级已有五万年或者更久的电脑上运行着21世纪的软件。这个比喻可以帮助解释许多现在新闻上报道的事情和现象。

文化本身已经创造了这一独特的人类问题：一部分是因为文化发展远超过了人类进化的步伐；也因为在很长的一段时间内，原来与自然共生的文化持续增强，阻碍了自然选择的过程，最终把人类的命运放到了我们自己手中。

"我会告诉你们人是什么，"威廉·戈尔丁在他1956年的小说《品彻·马丁》里写道，尽管小说的背景设定在第二次世界大战期间，但书中却继续了他关于石器时代的小说《继承者》中阐述的对人类的思考，"他是个怪异的东西，是个从体内被弹出的胎儿，失去了自然发展的过程，直接被扔到了世界上，裸露的身上盖着羊皮，牙齿长在极小的空间里，他长了柔软而胀大的头骨，就像一个大气泡。但是，自然在那颗大脑袋里却调出了一碗布丁……"[12]

在戈尔丁的布丁里沸腾着许多原料：天才和疯狂、逻辑和信仰、本能和幻想、慈悲和残酷、爱、恨、性、艺术、贪婪——所有生与死的动力。对于个人来说，所有这些的综合就是人格；对于社会来说，这些就成为了被称为文化的集体人格。长远来看，文化的布丁一直都在不断扩大。过程中也曾经有过几次发酵，布丁突然膨胀，溢出，漫得整个厨房都是。

第一次发酵时，直立人学会了使用火，这改变了人类生存的平衡，使之变得有利于人类。接下来的发酵是在五十万年后，当克罗马农人在赶走了尼安德特人后，他们完善了狩猎的技术。新的武器出现了：更轻、更锐利、可远程攻击、更加优雅、更加致命。[13] 串珠装饰、骨物雕刻、乐器和精细的葬礼越来越普遍。精美的画作出现在岩洞墙壁和岩石表面，其画风带着鲜明的自然主义色彩，而此画风在这个阶段之后就消失了，直到文艺复兴时期才再次出现。

这些新事物中的很多在之前也由尼安德特人和早期的克罗马农人在更小的规模上尝试过，[14] 所以上述在艺术和科技方面的突飞猛进也不能（如某些人宣称的那样）被认作是人类突然演进为一个新的种群，并具有全新认知能力的证据。但是，这应该是一个我们更熟悉的文化规律的证据：在食物充足的基础上出现了休闲娱乐。狩猎者和采集者当时的产出已经超过了生存的基本需求，也有更多的时间来描绘墙面，制作珠串和雕塑，弹奏音乐，沉迷于宗教仪式。人类第一次变得富足了。

如果在并不相连，且时间和复杂程度上都极为不同的两个时代之间勾勒出一个粗略的比较，那么我们可以看到，旧石器时代的尾声与过去五百年间西方所谓的"大航海"和征服时期之间有着相似之处。从公元1492年始，文明的一支——欧洲文明——基本上把其他的文明都毁灭了，并取而代之。在此过程中，欧洲文明不断壮大，把自己重新塑造为一股工业力量（关于这一点，我将在下一章中阐述）。在旧石器时代晚期，人类中的一支——克罗马农人，或者智人[15]——在人口数量上翻倍增长，分散到达了世界各地，并且杀害、驱逐或者融合了所有其他的人类分支，最终进入了过去人类从未涉足的新世界。

最迟在一万五千年前，远在冰川消退之前，人类就已经在除了南极以外的所有地方生存下来了。正如欧洲在世界范围内的扩张一样，这个史前的发现浪潮和人口流动带来了深远的生态影响和后果。随着人类出现在新的土地上，很快，那些大型的猎物便开始消失。猛犸和毛茸茸的犀牛往北撤退，最终在欧洲和亚洲消失了。一种巨大的袋熊，其他的有袋类动物，以及一种和大众汽车一样大的乌龟也在澳大利亚消失了。骆驼、猛犸、巨型野牛、巨型树獭和马，都从美洲大陆上灭亡了。[16]地球上智人所到之处，一股可怕的生物灭绝的味道便尾随而至。

不是所有的专家都认同我们的祖先该为此负全责。辩护者们指出，人类在非洲、亚洲和欧洲狩猎长达百万年或者更久，却没有将所有的生物都灭绝；许多的生物灭绝和全球气候的剧变是同时发生的；冰河时代也许到来得太迅猛，以致那些大型动物来不及调整适应或者迁徙。这些是不错的辩护，而且如果要把这些因素完全剔除出考虑范围，也一定是不明智的做法。可是，我认为把矛头指向我们祖先的现存的证据，实在是太多太有力了。毫无疑问，动物在冰川融化时面临了巨大的生存压力，但它们在这之前挺过了诸多类似的压力和预警。早期人类，如直立人、尼安德特人，还有早期智人，也确实大量狩猎过大型猎物，可却没有致使它们灭绝。但是，旧石器时代晚期的人类比之前的人类装备更加精良，他们的狩猎杀戮也是在一个更高的层面上。[17]从他们一些杀戮场所的范围上来看，几乎可以称为具有工业化的规模：在某地杀死一千头猛犸；在另一狩猎场杀死超过十万匹马。[18]"尼安德特人一定是擅长并勇于追逐的，"人类学家威廉·豪威尔斯（William Howells）在 1960 年时如此写道，"但是他们并没有留下过如此巨大规模的猎物遗骸场。"[19]最近，伊恩·塔特萨尔（Ian Tattesall）强调了这里面的生态道德，"就像我们一样，克罗马农人一定有自己黑暗的一面。"[20]

在陡峭地带，这些冷酷的狩猎者把整群整群的猎物赶下悬崖，留下成堆的动物尸体慢慢腐烂，这样的做法一直延续到了有历史记载的时代，我们可以在诸如加拿大艾伯塔（Alberta）的"碎头野牛跳崖"（Head Smashed-In Buffalo Jump）等遗址见到佐证。对于美洲野牛来说，很幸运的是它们生活的大草原上很少有悬崖。可是，白人手里的枪支是没有界限的，19 世纪的几十年里，白人用枪支把水牛和印第安人杀戮得几乎灭绝。"隆起背部的水牛群，"赫曼·梅尔维尔（Herman Melville）写道，"在不到四十年前，还成千上万地分布于伊利诺伊和密苏里州的草原上……可现在，这些地方正在被礼貌的土地中介以每英尺一美元的价格销售着。"[21]

每英尺一美元的土地：现在这就是文明。

现代的狩猎者和采集者，比如亚马逊原住民、澳大利亚土著、因纽特人和布西曼人（Kalahari "bushmen"），是具有智慧的生态看护者，他们限制自己人口的数量，温柔地对待自己居住的土地。[22]人们常常会认为古代的狩猎者应该也和他们一样有智慧，但是，考古学的证据并不支持这样的观点。旧石器时代的狩猎行为是当时社会主流的生计所依，当时看来人们似乎是生活在一个富足的自然环境里，而地球也似乎是无限富饶的。我们从考古遗址的奢靡痕迹中不得不推断出，那时的狩猎者们带着一种近似于股票交易者所有的乐观主义精神，觉得在下一座山上总能杀死一大群猎物。在最近的、也是文献记录最全的一次大规模种群灭绝事件，即新西兰和马达加斯加无飞行能力的鸟类和其他动物的灭绝事件中，毫无疑问，人类就是罪魁。[23]澳大利亚生物学家蒂姆·弗兰内瑞（Tim Flannery）就把人类称作是"掠食未来者"，而每一次的生物种群灭绝就是一次未来可能性的破灭。[24]

因此，在我们需要了解的有关人类的诸多事情中，我们应该知道，旧石器时代晚期的开端，很可能是以种族灭绝开始的；然后，以一场"杀尽所能杀"的动物杀戮和烧烤而结束。狩猎技术的完善意味着狩猎作为一种生活方式的终结。容易获得肉食则意味着会拥有更多的孩子；更多的孩子意味着更多的狩猎者；更多的狩猎者，迟早意味着猎物的减少。这一时期，世界上绝大多数人类的大迁徙肯定是被人类的需求所驱动，尤其是当人类把我们的动物大餐都消耗殆尽时。

对西欧在旧石器时代最后一个千年里的考古学显示，克罗马农人奢侈的生活方式开始逐渐消逝。他们的岩画开始凋落，然后停滞了。雕塑和雕刻都变得更少见了，燧石刀也越来越短。猛犸没有了，人们就开始猎杀兔子。

在 1930 年代题为"对笨重之人的赞赏"（*In Praise of Clumsy People*）的文章中，幽默的捷克作家卡雷尔·恰佩克做出了如此观察："一旦有了蠢猎手，就不会再有好猎手了。"就像曾经评价瓦格纳的音乐一样，恰佩克的评论忠言逆耳。身处旧石器时代末期的狩猎者肯定不笨，但他们的确是糟糕的猎手，因为他们破坏了作为寄生者的第一项规则：千万不要杀死宿主。当人类把一种又一种的生物灭绝时，他们就踏入了进步的第一个陷阱。

他们的一些后裔回过头来继续以狩猎者和采集者的身份存活直近现代，并在不断的敲打和警醒中学会了约束自己。但是人类其他的种群和社会则找到了一个新的方法来挣脱这些约束：那就是后来我们称之为农耕或者新石器时代"革命"的伟大变革。

在狩猎者群体中，一直都有大量的非狩猎者，也就是采集者，他们主要由妇女和儿童组成，我们认为，他们负责采集野果和蔬菜，以供洞穴社会拥有良好的饮食结构。他们对于食物供应的贡献随着猎物的逐渐消亡而变得日益重要。

在那个短暂而突然的被称为中石器时代的阶段，人们在生活中尝试了所有的可能：生活在入海口和沼泽地带；在海滩拾荒度日；靠挖掘植物的根茎度日；从野草里采集微小的种子度日，后者这一行为后来给人类带来了深远的影响。有些野草茂盛无比，所以人们的劳动强度极大，于是，在农业出现前，一些核心区域就出现了人群聚居的村庄。[25]采集者们注意到，那些无意间散落或者通过粪便传播的种子会在下一年里发芽长大。于是，他们开始通过照顾和扩大野外种植地面积来影响产出，播种下那些最容易收割和最饱满的种子。

这样的试验最终产生了完整的农业，也使得人类最后几乎完全依赖几种单调的主食农作物，不过，那是几千年之后的事啦；在早期阶段，植物的照顾者们主要还是采集者，他们种植着巨大数量的植物，同时也捕获任何可以获得的野生动物和鱼类。举个例子，大约一万三千年前，在智利的绿山（Monte Verde）已经有一个由长方形木屋组成的定居村落存在，村民主要是靠狩猎骆驼科动物、小型动物以及很快就将灭绝的乳齿象为生；但同时，在这个村落的考古遗址中也发现了多种蔬菜，其中包括削下的土豆皮。[26]虽然绿山只是美洲很多早期人类活动遗址中的一个，但其遗迹显示出了人类对于当地植物拥有成熟和详尽的知识，这些植物中的几种最后成为了安第斯文明的奠基性作物。

正如那些微小变化的累积逐渐使人类和猿类区分开来一样，农业革命也是一个无意识的试验，因为过程太渐进而且它的推动者几乎对它毫无意识，更别说能够预见到它会把人类带到哪里了。不过，与所有早期的发展现象相比较，农业革命发生的速度快得极其危险。农业革命对于人类是极为重要的，因为它告诉人类，不仅仅是发生了一场革命，而是发生了许多革命。在除澳大利亚以外的每一个大洲，农业试验基本上在冰川时代放松了对世界的控制后就迅速开始了。[27] 古老的书籍（以及一些晚近的文献[28]）中强调了中东，或是"富饶的新月地带"的重要性，那时候的中东从地中海沿岸一直延伸到安纳托利亚高原和伊拉克的冲积平原。所有以面包为主食的文明，其主要食品均起源于这片土地，包括小麦、青稞、绵羊和山羊。

现在我们很清楚地知道，中东只不过是几乎同时独立发展的至少四个农业地区中的一个。其他三个地区是：远东，在那里大米和小米成为了主食；美索亚美利加（墨西哥和其附近的中美洲地区），那里的文明主要依靠玉米、豆类、冬瓜、苋菜和番茄为生；南美的安第斯地区，那里开发出了许多种类的土豆、其他块茎类植物、冬瓜、棉花、花生，以及高蛋白植物藜麦（Quinoa）等。[29] 在所有这些核心地区，农作物的种植在距今约八千到一万年前就开始出现了。[30] 在这四大地区之外，世界上还有其他十多个小一些的农业地区，包括热带的东南亚地区、埃塞俄比亚、亚马逊地区和北美东部地区，它们分别给人类带来了香蕉、咖啡、树薯和向日葵。[31] 毫无联系的不同人群有时候开发出了同样的植物：棉花和花生就是两种这样的植物，在同一时期产生于新世界（美洲大陆）和旧世界（欧洲和亚洲）。

动物的驯养很难在文献上有确切记录，但大约在人们开始开发农作物的同时，他们也懂得了某些食草动物和鸟类可以被跟踪、圈养，并且按一定比例宰杀。经过数代人的驯养，这些动物逐渐变得足够驯服和愚笨，对那些一直跟着它们的两条腿的连环杀手不再有戒心。狩猎变成放养，正如采集逐步变成种植一般。

在中东，大约公元前八千年时，绵羊和山羊成为了第一批真正意义上的家养动物；而在公元前六千年时的秘鲁，被驯化的骆驼科动物出现了，它们是无峰驼和羊驼的早期祖先，被用于驮运、织物，并且是肉食的来源；几乎在同一时间，欧亚大陆上的牛也被驯服了，不过，当时人们并没有从驯服的骆驼科动物以及早期的牛身上挤奶食用；毛驴和马大约在公元前四千年的时候被驯服。

那些更加聪明的动物，如狗、猪和猫则很早就已经愿意在人类居住地附近出没，以换得人们的剩饭菜和剩汤，而谷仓的使用，则带来了老鼠的数量剧增。狗，可能在旧石器时代就被人驯服用来狩猎，现在依然和人们一起生活在世界各地。在寒冷的天气里，有时候人们也用狗来暖床。在韩国和墨西哥等地，特殊品种的狗还被驯养用于食用。鸡则作为一种拥有漂亮羽毛的亚洲丛林禽类，开始向山德士上校的圈套迈进。同时，墨西哥人驯服了火鸡。与无峰驼和羊驼一起被秘鲁人驯养的还有美洲家鸭和矮小却生命力旺盛的豚鼠，后者甚至在一幅殖民时期版本《基督最后的晚餐》的画作中露了一面。[32]

从食用豚鼠和吉娃娃狗（Chihuahuas）的事实，我们可以推断，美洲在驯养家畜方面的先天条件并不如旧世界优越。不过，新世界的弥补方法也很明确，这里的人们开发出一个比旧世界更广泛、产量更高的植物种群。单单秘鲁就有差不多四十种主要的植物种群。[33] 这类植物最终支撑了美洲的诸多大型原住民城市，而其中的几种植物后来还被引入到旧世界，改变了旧世界的营养和经济状况，有关这些，我将在最后一章里进行讨论。

当食品供应被预见到会很充足时，人口就会增加。与那些游荡的采集者不同，定居的人们几乎没有理由要限制孩子的数量，毕竟他们有助于农耕和家庭中的各项劳动任务。因为拥有了更高的体脂水平，并学会使用动物奶水和谷物类婴儿食品，孩童会断奶更早，从而妇女的生育率也会上升。农业人口很快就超过了狩猎者，于是他们就开始融合、杀戮或者驱赶狩猎者到荒野里去。

在旧石器时代晚期刚开始时，也就是我们人类的现代亚种群通过公平的方式或者是不公平的方式成为了地球的继承人时，地球人口大约有三十多万。[34] 到距今一万年前，正好是农业诞生之时，也是人类进驻了地球上所有可以栖息之地时，人口已经增加到了差不多三百万；到了距今五千年时，农业已经在所有的核心地区站稳了脚跟，完整的文明已经在苏美尔和埃及地区出现，全球的人口可能已经达到了一千五百万到两千万。

这些人口数字只能说是估算，而我所说到的其他东西，当然也只能算是对事实的高度简单化描述。人类社会向全职农业的转变用了几千年的时间，最初的结果并不总是令人满意，即使是在农业核心区域，比如中东地区也一样。公元前八千年以前，新石器时代的耶利哥城非常小，占地仅仅四英亩[35]，用了一千五百年的时间，耶利哥城占地才达到十英亩。[36]土耳其的加泰土丘（Çatal Höyük）遗址在公元前七千年至五千五百年间是"富饶的新月地带"中最大的人类聚居地，但其占地面积也仅有三十二英亩，[37]其居民的蛋白质摄入还主要是依靠捕获的野生动物来满足。许多住在加拿大乡村地区的人肯定明白，即使作为农民，只要有条件、有机会，狩猎行为便依然存在，甚至成为一种娱乐，这对于在美洲和亚洲那些家畜稀缺之地的人尤其如此。无论如何，发展的步伐日益加速。到距今五千年前时，人类中的大多数已经实现了从食用野生动植物到食用驯养动植物的转型。

从其影响的程度而言，没有其他的人类发明可以与农业媲美（除去自1940年代开始的那些足以毁灭整个人类的武器发明）。人类生涯可以分成两大块：一块是新石器革命前的所有，另一类是那之后的所有。尽管三个石器时代——旧石器、中石器和新石器时代——看起来似乎是属于一个大的整体，但事实上并非如此。比起之前几百万年的石制工具时代而言，新石器时代与之后的时代有更多的共同点。农业革命为人类带来了一个全新的生活方式，作为世界经济的基础，这种生活方式一直延续到了今天。石器时代晚期的食物科技，也是如今我们生活中不可或缺的。今天，全世界六十亿人基本上靠十多种古代粮食作物来养活。尽管我们用了大约两个世纪的时间尝试农作物科学交叉育种，包括1960年代的绿色革命，还有1990年代的基因工程尝试，但今天人类的主食作物单里依然没有任何新的添加，还是和史前时代的一样。

虽然新石器时代最终使世界几个地方出现了金属的冶炼和使用，包括后来的欧洲工业革命，这些都还是在同一个主题上的创新和深化，人类的生存方式依然没有根本的变化。从这个角度来看，一个新石器时代的村庄，和一个铜器时代以及铁器时代的村庄，或者一个现代的第三世界国家的村庄，没有多大不同。

维多利亚时期的考古学对于人类发展的分类方法依托的是工具材料的发展，这个分类方法在新石器时代之后就价值不大了。在欧洲，也许这方法还有些价值，因为这里的科技变革往往和社会变革是联系在一起的。但是，在那些缺乏金属、犁、轮子等被我们认定是社会"基本"物件的地方，这个分类方法就显得无用了。[38]举个例子，美索不达米亚在大约公元前四千年的时候发明了轮子，但是其近邻埃及在接下来的两千年里，根本就没有使用轮子。古典时代的玛雅人在数学和天文学方面的文明程度可以与古典欧洲媲美，却很少使用到金属工具，从技术上来说，他们依然活在石器时代。[39]形成鲜明对比的是，亚撒哈拉非洲在公元前五百年时掌握了造铁的技术，但却一直没能孕育出一个完整的文明。[40]秘鲁的印加人在公元前一千五百年就开始制造金属工具，并且建立了世界上最大、管理最严格的帝国之一，但是，他们的帝国并没有我们今天所说的文字［尽管现在有日益增加的证据表明他们的奇普（quipu）系统实际上就是一个文字体系］。[41]日本人在距今大约一万两千年前就开始制作陶器了，比任何其他种群都早，但是他们的农业和完整的文明直到一万年之后才出现，而且是整体上从中国和朝鲜引入的。直到公元前五百年，日本人才开始制作铜器，但是到了 16 世纪时，他们已经以铸造钢剑而闻名了。同一时期，他们还掌握了欧洲火器制造技术，但直到三百年之后才派上用场。

因此，我们需要对科技决定论的观点保持警惕，因为科技决定论的观点通常会低估文化因素，把复杂的人类适应性的问题简化成一个简单的逻辑："我们是历史的胜者，为什么其他的人不和我们一样，做我们做过的事情呢？"我们把农业和文明称作"发明"或者"试验"是因为从回顾的角度看起来它们是这样的。可是，实际上它们是偶然发生的，对于大多数人来说，它们的发生是随着一系列诱人的步骤而来，最后，带领大家过上单调和辛苦的生活。农业为了达成数量上的增长，牺牲了质量：越来越多的食物，越来越多的人，可是营养没有增加，生活没有更美好。人类放弃了丰富的野生食物，转而专攻十多种淀粉类的根茎和草类食物，比如小麦、青稞、大米、土豆和玉米。我们驯服了植物，植物也驯服了我们。没有我们，植物会死去；没有它们，我们会死去。我们无法离开农业了，因为那意味着大规模的饥饿，在干旱和饱受病虫害的日子里，事情经常是如此发展的。在人类生活的绝大多数时间里，大多数人都曾经生活在饥饿的边缘，而在世界的很多地方，今天依然如此。[42]

在狩猎者－采集者的社会里（几个特殊例子除外），社会结构或多或少是平均主义的，人们之间在财富和权势上仅仅有极微小的差异。领袖力量要么是分散开来，通过共识而实施，要么是通过能力和示范而获得。成功的狩猎者不会坐在自己猎物旁边，只把自己喂饱；他会和大家分享猎物，以此获得声誉。如果领袖变得势力独大，或者少数群体对多数人的决定有意见，人们就会选择离开。在一个本不拥挤也没有固定边界和财产的世界里，人们可以很容易地选择用脚投票。

最后一个冰川期之后，世界主要的十几个农业地区发展起来的早期城镇和村庄，在一段时期内似乎是继续了上述这样自由简便的生活方式。大多数的城镇和村庄都是小规模的农民社区，每个人都做着类似的活计，生活水平也都差不多。[43] 土地要么是由社区集体所有，要么是被认为没人拥有，是属神所有。那些通过自己的辛勤劳动和技能生活得稍微富裕的农民们，有义务与那些有特殊需求的人们（这些人通常与他们有家族亲缘关系）分享自己的资源。

然后，渐渐地，人们之间在财富和权势上的差异变得更明确。自由和社会机会随着人口的增长以及群落间边界的明朗而减少了。这个趋势首先在新石器时代的中东地区村庄里出现，然后在全球都变成了现实。举例来说，在多瑙河畔的第一批农民在他们生活的遗址上仅仅留下了工具；后来的人类则留下了极强的防御工事和到处都是的武器。对于这些，伟大的澳大利亚考古学家戈登·柴尔德（Gordon Childe）如此评价，"我们几乎可以看到那种群体之间的战争状态……随着土地变得越来越稀少。"[44] 柴尔德的这些评价写于 1942 年，正是希特勒执行名为"生存空间"的扩张政策时，[45] 他无需强调的是，当时他所生活的世界和石器时代的世界几乎没有多大变化。

爱国主义也许确实如约翰逊博士所说，"是一个无赖最后的避难所"，但它也是独裁者的第一个收容所。那些担心外来者的人们很容易就被操控了。战士阶层，按理说是社会的保护者，但经常变成收取保护费的勒索者。在战争或者危机中，权力很容易就被少数人从多数人那里偷走了，他们的理由就是为大家提供安全。越是很难辨别出的或者甚至是想象中的敌人，就越容易在人群间产生共识。宗教审判给魔鬼制造了兴隆的生意。[46] 20 世纪两大意识形态之间的斗争有着过去宗教战争的所有特点。那么，维护各自制度的目的，是否真正值得我们去冒摧毁世界的风险呢？

现在，我们正因为面临世界范围的"反恐战争"而失去来之不易的自由，好像恐怖主义是什么新东西似的。[那些认为恐怖主义是新事物的人应该读一读《间谍》(The Secret Agent)，一本讲述无政府主义自杀型恐怖分子穿戴着爆炸物去袭击伦敦的小说，作者是约瑟夫·康拉德，小说写于一百年前。[47]] 穆斯林的狂热分子们正在证明他们可以成为过去那些异端、无政府主义分子，尤其是红色威胁的很好替代品，当年，这些都是整个冷战时期提高军事预算的最佳助力。

新石器时代革命似乎是不可避免的，或者是几乎不可避免的，无论其发生在何处。如果说人类发现农业需要的是一个很怪异的因素的组合，那么我们会期望农业是产生于一个特别的地方，然后从那里向外扩展传播；或者是农业革命很少发生，并且发生在时间间隔很大的不同时期。一直到新石器时代晚期（或者在这之前不久[48]），大自然把所有好奇而爱管闲事的猿类都拦在了旧世界这个巨大的试验室里。可是，这些猿类一旦走出旧世界，进入到新世界，就有了两个试验室，每一个都有不同的原材料，并且因为冰川融化带来的海平面上升而大体隔绝开来。[49]因为两个试验室里的植物、动物、环境和科技都很不同，所以让人惊奇的是在地球两端都发展出了相似的路径，而且发展的结果又是如此相像。

当西班牙人在16世纪早期抵达美洲大陆的时候，是地球东西半球的人们自从祖先在冰川时代因为狩猎者没有了猎物而分开后的第一次接触。在哥伦布之前，两个半球间也有过一些接触——与波利尼西亚人、维京人、还有可能和亚洲人的接触——但是这些接触太短暂，也太晚，不足以影响当地的植物、动物，或者文明的产生。在哥伦布之前，即使那些强大的"航海员"，如挪威老鼠和蟑螂，也没有到达过美洲。就连旧世界令人恐惧的传染病，比如天花，也没有到达过美洲大陆。[50]

在公元16世纪发生了真正非同寻常的事，这样的事在那之前没有发生过，之后也再不会发生。两个隔绝却并行了一千五百多年的文化试验最终相遇了。令人惊叹的是，经过这么久，两个试验都还能够认出对方的机制。当埃尔南·科尔特斯在墨西哥登陆时，他发现了道路、水渠、城市、宫殿、学校、法院、市场、灌溉工程、国王、教士、寺庙、农民、手工匠人、部队、占卜者、星象家、商人、运动、戏剧、艺术、音乐和书籍。高度的文明，通常是在细节上不同，但是核心很相像，并在地球的两个半球独立地产生和发展起来。

作为一个试验例子的美洲告诉我们，人类是可以预测的生物，我们由类似的需求、欲望、希望和罪恶所驱动。在其他地方，独立运行的更小规模的试验并没有能够达到同等水平的复杂程度，但是它们中的许多也显示出了相同的趋势。即使是在遥远的波利尼西亚群岛，来自一两艘船的无畏船员们落下了脚，然后小型文明完整地出现了，带着社会等级、精细农耕，还有石头纪念碑。

面对这些独立产生并发展的农业和文明间的相似以及同时性，我们不由得要问：为什么在上一个冰河时代结束之前，世界上没有任何地方实现了对植物的驯化？两万年前的人和一万年前的人同样聪明：不是所有的人都有大量的猎物可供食用，而且，冰河对于低纬度的地方影响并不是很大。

一个可能的答案现在已成为我们的担忧。通过研究古代的冰川核心（正如树有年轮，这些冰核也会每年留下一个记录），气候学家已经能够对过去二十五万年间的全球气候进行探测。这些研究显示，全球气候在过去一万年间是非同寻常的稳定——这正好是农业和文明产生并发展的时期。看来，即使我们很努力地尝试，也不可能使农业的发展发生得更早些。这些研究同时显示出，地球的气候有时候也狂野地剧烈变动过，陷入冰河时期和离开冰河时期的过程不是以百年计算，而是在几十年里发生的事。[51]

还没有人能够弄明白这样剧烈变化的自然诱因。有一些连锁反应可能触发了快速的气候反常，也许是一个突然出现的洋流的倒流，或者是一个永久冻土层解冻时释放出的甲烷。在有关冰川核心研究的书里，理查德·艾利（Richard Alley）指出了很明显的一个道理："人类建立了一个与气候环境相适应的文明。渐渐地，人类开始使用这一气候环境所提供的所一切……（还有，）过去几千年的气候应该是最好的状态了。"[52]

气候变化对我们不利。我们唯一理性的策略就是不要冒险去引发气候的变化。但是我们眼前的证据表明，文明本身，通过化石燃料燃烧带来的排放以及其他的不良做法，正使得气候长期得以稳定发展的平静状态受到威胁。南北极的冰原正在断裂；安第斯山和喜马拉雅山脉的冰川正在融化；有的冰川在短短二十五年间就消失了。[53] 干旱和不寻常的炎热天气已经导致世界粮食产量在八年里连续减产或者停滞不前。在这同一个八年里，需要吃饭的人口数量增加了六亿。

持续的气候变暖已经很糟糕了，但是最糟糕的可能是地球的气候平衡突然被打破，回到曾经有过的冷热剧变时期，如果这样的话，世界各地的粮食作物都会受到打击，而人类文明的伟大试验将突然灾难性地终止。谈到食物，我们已经进化得非常专门化了，也正因如此，我们是非常脆弱的，就像一只剑齿猫科动物。

注释：

[1] 越来越多的证据指向说，人类到达美洲（最后一个被人类定居的大陆）的时间比原来认定的距今大约一万五千年前要更早。除了在冰川形成时期人们通过白令海峡露出水面的陆路到达美洲，很可能在这个迁徙过程中还使用了某种形式的水上工具，用来从一个岛到达另一个岛，也用于沿海岸线航行而下。大澳大利亚（包括新几内亚）在整个冰河时期都是一整个岛屿，但是人们在大约距今四万到六万年的时候通过从一个岛到达另一个岛的跳岛方式也到达了这里。

[2] 这发生在六千五百万年前，也许是同类事件中的第五次。自从复杂的生物出现，地球似乎每经过千万年会遭遇一次星际炸弹的袭击。许多科学家把人类对生物圈的影响看成是"第六次灭绝"的开始。可以参阅 Rees，*Our Final Century*，p.100ff.

[3] 晚期智人这个英文单词里用了两个 Sapiens 是因为使用这个词的人相信尼安德特人和克罗马农人是同一个种群中的两个不同亚种——见第一章。如果到目前为止，所有活过的人和原始人的总数是 300 亿到 350 亿的话，那么其中至少有 200 亿到 250 亿是在过去三千年生活在文明社会里的。换句话说，我们中的三分之二（或者更多）曾经生活在人类历史的最后一个千分之一的时段里。而自人类诞生之日算起，所有活过的人中有六分之一或者五分之一是生活在今天的社会里。

[4] 在那些野生食物资源非常丰富和可以预期的地区，我们能够提出一些与农业定义不符的特例。要说那些没有农业的初生文明，最好的历史例子应当是北美洲的西北海岸线，但是这样的特例可能只在遥远的过去比较常见而已。学者们过去习惯于坚持使用一些具体的范畴，比如文字书写，来界定文明状态。现代对于文明的定义则更加灵活，重在关注一个文化整体的规模和复杂程度。参约 Bruce Trigger，*Early Civilizations：Ancient Egypt in Context*（Cairo：American University in Cairo Press，1993），p.7.

[5] George Gilmer 时任佐治亚州州长，在 1830 年代时说："条约是很适合的工具……通过这种工具，野蛮人被引导着……向文明人妥协，让出拥有财产的权力。"针对切洛基人的"移除"，或者种族清洗，包括了针对平民的强制行军和集中营，在这些集中营里，数以千计的平民失去了生命。见

Wright, *Stolen Continents*, Chap.14.（集中营这个词是英国人在布尔战争中首次使用的。）还可参见 Sven Lindqvist, *Exterminate All the Brutes*, trans. Joan Tate（London：Granta Books，1996），在该书中写到了诸如纳粹奥斯维辛集中营和其他现代惨剧是源自于带有种族主义的殖民政策，尤其是在非洲的政策。

[6]罗马斗兽场和其他的斗兽场见证了大规模的血腥牺牲；在罗马皇帝图拉真长达四个月的会期里，五千名男子和一万一千头动物被屠杀。

[7]有些数字还要更高，尤其在当统计数字把战争引发的饥荒和疾病致死的人数包括进来时。

[8]甘地根本就不是丘吉尔所蔑称的"裸露的托钵僧"，他在 1890 年代曾经以学生的身份在伦敦学习法律。

[9]Henry Thoreau 的话。

[10]在 1825 年，也就是蒸汽时代到来前夕，世界人口约为十亿；如果工业文明失败的话，那么可持续的人口数量也会退回到这个水平。直接点儿说，数十亿人将死去。

[11]Erich Harth，引自 Stringer McKie，*African Exodus*，p.243。Alfred Crosby，在 E*cological Imperialism：the Biological Expansion of Europe 900-1900*（Cambridge：Cambridge University Press，1986），p.14 中写道，"在大约十万年前，人类的大脑就已经和今天的尺寸相当，这个尺寸可能是人脑可以发展的最大极限了。"

[12]William Golding,*Pincher Martin*（London：Faber and Faber，1956），p.190. 这本小说，在 *The Inheritors* 出版后不久推出，对现代社会的人性做了思考。

[13]弓和箭在当时都还没有出现，但长矛投掷器（考古学家通常称之为 atlatl）几乎可以肯定是新石器时代晚期的发明。这种工具能够提高人类投掷长矛的距离并且提升撬动杠杆的力量，一定程度上有点儿像曲棍球球棍。

[14]在法国阿维尼翁附近发现的肖维岩洞（Grotte Chauvet）岩画是欧洲发现的最老的画作之一，显示出人类绘画在三万两千年以前就已经很精细和成熟了。虽然这些绘画普遍被认为是早期克罗马农人的作品，但它们也有可能是尼安德特人所画。这些画作的创作日期依然存在争议，有待更多碳素测定来确认（见 *Antiquity*，2003 年 3 月）。欧洲岩画的高潮来得还要

更晚一些，大约出现于一万七千至一万五千年以前的拉斯科洞（Lascaux）和阿尔塔米拉洞（Altamira）。绘画的人也许根本就没有把这些画视为"艺术"，而更多的是作为萨满仪式的一部分，目的在于向自然的力量进行祭拜，以求获得更多的猎物。

[15] 从这里开始，为方便计，我就用智人来称呼我们人类了。

[16] 当然，在北美，一种小体积的野牛和鹿幸存了下来；在南美，骆驼属动物存活了。

[17] *Ecological Imperialism*（p.272），Crosby 写道："人类，哪怕只是用火炬和石头武装起来，也是世界上最危险、最冷酷无情的掠食者。"

[18] 猛犸死在了捷克共和国的 Piedmost，而马则死在法国的 Solutré，这个瑟鲁特莱后来被用于命名著名的梭鲁特文化点（solutrean point）。见 William Howells, *Mankind in the Making*: *The Story of Human Evolution*（London: Secker ad Warburg, 1960），p.206，以及 Andrew Goudie, *The Human Impact on the Natural Environment*（Oxford: Blackwell, 2000），p.145.Stringer 和 McKie 对这一时期的人类迁徙和其影响做出了非常棒的总结（*African Exodus*, pp.163–178），他们在书中提到，一头不走运的猛犸肋骨处插着八个克洛维斯矛头。也可参阅 Paul Martin, "Prehistoric Overkill: The Global Model", *Quaternary Extinctions*: *A Prehistoric Revolution*, eds.Paul S.Martin and Richard G.Klein（Tucson: University of Arizona Press, 1984）.

[19] Howells, *Mankind in the Making*, p.206.

[20] Tattersall, *The Last Neandethal*, p.203.

[21] Herman Melville, *Moby Dick*, Chap.105. 美洲野牛被杀的确切数字是未知的。估计从三千万到六千万头不等。在 1870 年代，每一年被白人猎杀的美洲野牛大约有超过一百万头；到了 19 世纪末时，地球上仅剩下了几百头美洲野牛。

[22] 可参阅 Hugh Brody, *The Other Side of Eden*: *Hunters*, *Farmers and the Shaping of the World*（Vancouver: Douglas and McIntyre, 2000）.

[23] 参阅 Crosby, *Economic Imperialism*, 以及 David Steadman, "Prehistoric Extinctions of Pacific Island Birds", *Science* no.267（February 1995）: 1123–31.

[24] Tim Flannery, *The Future Eaters*: *An Ecological History of the Australasian Lands and People*（New York: Braziller, 1995）.

［25］在中东进行的采集野生二粒小麦的现代试验里，每英亩的产出是四千磅（每公顷产出 4500 公斤）。在墨西哥的证据显示，花上半天时间采集 Teocintle（上帝的玉米），玉米属的一个野种，就足够一个人十天的吃食（见 Ponting，*Green History*，p.39）。到底 Teocintle（也写作 Teosinte）是否是玉米的祖先或者是同时代的亲属植物，现在依然不清楚。有的专家认为，被人工种植的玉米因为与相近的野生品种进行了杂交而变得不能自己产种（除非有外部因素的助力），因为杂交毁坏了它本身的基因库。这算是一个早期的警示，提醒我们如果今天的转基因作物失控的话，会对其他的粮食作物造成何种影响。

［26］参阅 Tom D.Dillehay, ed., *Monte Verde: A late Pleistocene Settlement in Chile*（Washington, DC: Smithsonian Books, 1989）。如需了解总括介绍，请参阅 Michael E.Moseley, *The Incas and Their Ancestors: The Archaeology of Peru*（London: Thaes and Hudson, 1992），pp.83–85，以及 Chris Scaree, *Past Worlds: The Times Atlas of Archaeology*（London: Times Books, 1988, p.70。）遗迹里还包括了在一座特殊建筑中看似被用于祭祀目的的药用植物。

［27］澳大利亚的特例很可能是干燥和不可预测的气候造成的，也可能是当地缺乏具有粮食作物潜力的本土植物的结果。澳大利亚有人定居的时代远早于美洲大陆，这里的食物危机——大型猎物的灭绝——很可能发生在全球气候剧变之时，同样使得农业试验不再能够进行。

［28］例如，Jared diamond, *Guns, Germs, and Steel: The Fates of Human Societies*（New York: W.W.Norton, 1997），这本书里对于细菌的信息很有价值，但是在考古学和历史学的证据或者诠释方面则不一定很有说服力。尤其是该书谈到的有关新世界农业的日期和描述有些瑕疵，而且作者对于阿塔瓦尔帕（Atahualpa）的颠覆和其他西班牙侵略的描述中漏掉了一些重要的信息，使我对作者的倾向性和偏见感到惊讶。

［29］藜麦（Quinoa），藜属的非谷物类粮食作物。来自墨西哥的最新研究认为，当地人在 6250 年以前就已经驯化了野生玉米（参见 *Science*，November 14, 2003）。高产的大棒子玉米在这之后两千年左右出现，随着这种玉米在人类饮食中重要性的迅速提升，玉米从美索亚美利加地区传到了南美大陆。木薯，产于南美的一种植物，则传播到了美索亚美利加地区。参

见 Robert J.Sharer, *The Ancient Maya*（Stanford, CA: Standford University Press, 1994, p.54.）

[30]在安第斯和美索亚美利加地区最早驯化植物的时间可以和中东地区相媲美。在秘鲁的 Guitarrero Cave 发现的采集和种植过的几种野生植物，都可以追溯到一万年前，其中还包括了几种用于纤维和床褥制作的植物。洞里发现的菜豆、利马豆还有辣椒都确定是被驯化的野生植物。早期的家养块茎藜和土豆大概也是在一万年前被驯化的，在奇尔卡分水岭上游的 Tres Ventanas 遗址被发现；而同一时期的葫芦也在阿亚库乔（Ayacucho）被发现。参见 Moseley, *Incas and Their Ancestors*, pp.96-97.

[31]古代的种子在干燥的地方比湿润的地方要保存得更好，因此低地地区，比如东南亚、新几内亚和亚马逊丛林地区的重要性很可能因为缺乏证据而被低估了。在新几内亚地区的库克早期农业遗址发现的新证据显示，在七千年前当地的居民就已经开始种植芋头、香蕉和甘蔗（见 *Science*, July 11, 2003）。

[32]这幅画悬挂在古印加帝国首都库斯科的一座教堂里。Edward Lanning 在他的著作 *Peru before the Incas*（Englewood Cliffs, NJ: Prentice-Hall, 1967）中对秘鲁驯化野生植物和动物的情况做出了很好的综述。从那时候开始，人们对这些动植物的起源和驯化日期的认识也因为 Guitarrero Cave 以及其他地方的考古发现而有了提升。印加人的语言克丘亚语（Quechua）中有称呼鸡的一个本土词汇，同时，日益增加的证据表明，秘鲁在哥伦布时代之前就已经放养着亚洲-波利尼西亚种的鸡。

[33]Lanning, *Peru before the Incas*, p.15, 在这本书中，作者列出了三十九种作物。参见美国国家科学研究委员会（National Research Council）出版的 *Lost Crops of the Incas*（Washington, DC: National Academy Press, 1989），书中列出了可以在世界范围内栽种却鲜为人知的三十种安第斯作物和二十多种南美洲的作物。美索亚美利加也有上述作物中的一部分，但那里自身的原住植物多样性也很好，玉米和土豆的产量差不多是小麦的两倍（见 Ponting, *Green History*, p.112）。在 *Seeds of Change*: *A Quincentennial Commemoration*（Washington, DC: Smithsonian Institution Press, 1991）一书中，Herman Viola 和 Carolyn Margolis 记录了新世界作物对旧世界的影响，这一部分我将在第五章里探讨。

［34］Stringer and McKie，*African Exodus*，p.163。

［35］少于两公顷。

［36］十公顷。

［37］十三公顷。

［38］根据 Bruce Trigger 在 *Early Civilizations*，p.33 中谈到："在早期人类文明发展过程中的一个主要经济要素是更加精细的食物生产，在这个要素发展过程中切割工具技术只是扮演了一个很小的角色……每一个早期文明所拥有工具的复杂和精细程度和他们农业生产的精细程度并不相关；这些文明似乎没有拥有比铁器时代的欧洲部落社会更精细的工具。"

［39］David Webster，*The Fall of the Ancient Maya：Solving the Mystery of the Maya Collapse*（London：Thames and Hudson，2002），p.77 中写道："极端复杂的社会能够在缺乏科技进步的情况下演进发展，这个想法和我们的常识是相反的，因为我们的生活已经被快速和有力的科技创新深深影响了。"

［40］在中国，石器、青铜和铁器"时代"在很长一段时期里共存，并且其科技发展的步伐并没有跟随西方的亚欧大陆所谓的"逻辑性"渐变。青铜在铁出现后相当长的时期内依然被用作武器的首选材料。William Watson 在 *China*（London：Thames and Hudson，1961），p.15 一书里如此描述："铁在被锻造之前的几个世纪里就已经被用于制作铸件了，而这就挑战了我们西方认为这一技术是自然发展结果的观念。"

［41］Dorothy Hosler 在 "Ancient West Mexican Metallurgy：south and Central American Origins and West Mexican Transformations," 刊登于 *American Anthropologist*90，no.4（1988）：832-55，的文章中对从南美到墨西哥的冶金术的发源和传播进行了讨论，认为在安第斯文明里出现了两种明显不同的冶金传统，包括了玻利维亚的万卡拉尼山（Wankarani）发掘出的铜矿渣所代表的南安第斯冶金术（在最大的遗迹上有超过七百所住宅），还有在安达韦拉斯（Andahuaylas）附近的 Waywaka 出现的一种冶金传统（见 Moseley，*Incas and their Ancestors*，pp.144，148）。在印加时代，青铜工具的日常使用成为了很普遍的事。有一些铁，很可能是陨石铁，在奇普语当中还有一个古老的词用来指代它（qquilay 或者 kkhellay）。奇普是用作记录的结绳记事工具，存储在库房里并且由一个特别的公共官员阶层管理。具体的意义通过绳结的类型、位置、颜色等的不同来编码。

在西班牙人侵略时期，用来解释奇普的"钥匙"丢失了，相关的文献记录也被摧毁，绝大多数官员死的死、逃的逃。我们可以看到奇普体系里的数学中运用了零这一概念，不过奇普是十进制体系，而不是美索亚美利加使用的二十进制。幸存下来的印加人宣称奇普结绳记事不仅仅能够保存叙事信息，还能够保存数据信息。至今为止，学者们对此持怀疑态度，直到最近，Gary Urton 的研究显示出奇普结绳记事的体系是一个至少包含了 1536 个"信息单元"，或者说标志的"三维二进制码"系统，信息单元的数量比苏美尔文明的楔形文字还要多。参见 *Science*，June 13，2003。

[42] 例如，位于法国墨洛温王朝（Meroving）的中世纪早期人类骸骨显示，他们曾经遭受了长期的饥饿折磨，其中部分原因是金属都被用于制造武器，而那些农民已经不再懂得如何制造石器工具，只能用木制的锄头和犁来耕作土地。Georges Duby 和 Robert Mandrou 引自 Jane Jacobs，*The Economy of Cities*（New York：Random House，1969），pp.14–15。

[43] 加泰土丘，坐落在火山侧面，似乎曾经有过黑曜石交易。

[44] Gordon Childe，*What Happened in History*（Harmondsworth，UK：Pelican，1964），p.74。

[45] 德国"人"（Volk）的"起居室"。

[46] 自从启蒙时代开始后，恶魔的式微可以从法国著名地质学家和自然主义者乔治·居维叶（Georges Cuvier，1769—1832）生活中的一个小故事看出端倪。一天晚上，他的一个学生装扮成像山羊一般的恶魔，闯进了他的卧室，威胁说要吃了他。居维叶上下打量了一会儿这鬼怪，然后说："我怀疑你到底能不能吃掉我，因为你是食草动物。"（Daniel，*The Idea of Prehistory*，p.34）

[47] *The Secret Agent* 在 1906 年连载，后来在 1907 的时候出版单行本。"恐怖主义"一词出现在法国大革命时，主要指的是群体暴力。在 1813 年时，约翰·亚当斯在给托马斯·杰斐逊的一封有关费城暴乱的信里问道，"杰斐逊先生，您对恐怖主义有何看法？"

[48] 有些学者认为，人类向美洲的小规模移民是发生在约五万年以前。被广为接受的主流看法是，人类一直没有在美洲定居下来，直到一万五千年前。

[49] 澳大利亚是第三个试验室。对于农业为何没有在澳大利亚产生的看法各

不相同。但是，澳大利亚也有一些石头村落遗迹，明显是靠山药和其他野生植物为生，这是向园艺农业发展的重要一步。

[50]这些传染性疾病以及它们的影响将在第五章里具体论述。

[51]参见 Richard Alley, *The Two-Mile Time Machine*: *Ice Cores*, *Abrupt Climate Change*, *and Our Future*（Princeton, NJ: Princeton University Press, 2000）。到了 2004 年的时候，英国研究人员已经获得了来自北极地区八十万年前的冰核（BBC World News, June 9, 2004）。这些极端天气变化中的一个时期，也就是三万五千年到四万年前，可能促使生活在地球南部温热气候中的人类的一支——克罗马农人——开始侵略北方适应寒冷气候的尼安德特人。

[52]同上，p.192。到 2003 年底，世界的粮食储备已经下降到了消费量的 16.2%，在 1990 年至 2000 年期间，这个比例大约为 30%。参见 Martin Mittelstaedt, "The Larder Is Almost Bare", *Globe and Mail*, May 22, 2004。

[53]Mark Lynas, 在 *High Tide*: *News from a Warming World*（London: Flamingo, 2004）一书中描述了秘鲁令人惊叹的阶梯冰川消失的情形。Inge Bolin 在一篇他在美国人类家学会 2003 年的会议上提交的名为 "Our Apus Are Dying！: Glacial Retreat and Its Consequences for Life in the Andes" 的论文中，明确提出了从民族志和科学两方面的证据，来证明世界上其他的冰川也在快速消融的事实。

第三章

傻子的天堂

古代社会最令人惊诧之处就在于它距离我们是如此之近。没有哪一座城市或者哪一个纪念碑的历史超过是五千年的。自从文明出现以来，如果以七十岁为一生，人类其实也只经历了七十个一生的时间。[1]整个文明的历史，只占据了自人类最早的祖先磨尖了石块以来，两百五十万年时间长河的百分之零点二。

在上一章，我勾勒了旧石器时代里"狩猎者"的兴起和衰落。狩猎者的进步，对武器和相关技术的完善，直接带来了作为一种生活方式的狩猎方式的终结（也有一些地方例外，在那些地方，各方面的条件依然使得狩猎成为既有的生活方式）。接下来是人类发现了农业——很可能是妇女发现的——这大约是在新石器时代时发生在世界的几个地区。从农业的发现开始，文明的试验也开启了。文明的开始起初是由不同的独立文明拉开序幕，在过去的几百年间，这些不同的文明开始交融（主要是通过敌对的征服），并形成一个覆盖并且消费着整个地球的巨大的文明体系。

现在，已经有迹象表明这一试验，比如狩猎，正日渐成为其自身成功的受害者。我已经在前面提到了核武器和温室气体，原子的大碰撞明显比那些几百万个发动机里的小碰撞要更为致命；

然而如果我们不够幸运，或者不够聪明，上述的两种碰撞都能够把当今的世界文明毁灭。过去，一些更简单的科技都曾经被证明是致命的。有时候，问题在于一些特定的发明或者想法；但是，问题也存在于社会机构中，存在于被挤压在城市文明中的人们的行为方式中，在城市文明里，权势和财富是向上升的，大多数人是被少数人统治的。

在这一章里，我想要探讨进步引来的两个陷阱：一个发生在很小的太平洋岛屿上，另一个发生在伊拉克的平原上。

正如我之前所提到的，人类失败了的试验躺在沙漠和丛林间，就像失事的客机，其飞行记录仪能够告诉我们到底是哪里出了问题。考古学也许是我们向前看的最好工具，因为它能够对人类在历史上经历过的方向和潮流提供一个深度的解读，也能够告诉我们人类最有可能走向何方。

与经常被高度编辑和改写的书面历史不同，考古学能够发现我们已经遗忘的事迹，或者是已经选择遗忘的事迹。对过去的现实认识是一个挺新鲜的事物，是启蒙时代后期结出的果实，尽管很多不同时代的人已经感觉到了这被伊丽莎白时代的古玩研究者威廉·卡姆登（William Camden）称为"回望的好奇"的东西。"旧时光"，他这么写道，"是一种与永恒极为相似的东西，（它）是思想的一种甜食。"[2]

在那个时代，不是所有人的思想都如此开放。一位负责管辖秘鲁的西班牙总督在见到了安第斯山脉高处的印加帝国首都，看到了首都墙上如宝石般排列着的巨石时，便给他的国王写信说：
"我已经考察了印加人修建的城堡……这样的工程明显是恶魔的作品……因为这样的工程怎么看也不像是人类的力量和技巧能够完成的。"[3]

即使是今天，也有人会选择相信神话般的解释，更愿意相信说这些古代的奇迹是由亚特兰蒂斯人、上帝或者宇宙航行者所创造，而不信这些都是在太阳下辛苦劳动的数千普通人所为。这样的思维粗暴地夺走了我们先辈的努力，也夺走了他们的经验给我们带来的启示。如此一来，任何人都可以相信自己所喜欢的有关过去的事，而不用去面对那些骸骨、碎陶片和碑记铭文——这些事物告诉我们，世界上不同地方的人一次又一次取得过的成就和犯过的错误。

大约在西班牙人入侵秘鲁后两百年，一只荷兰舰队航行在南半球，其位置离智利西部较远，刚好在南回归线以下的地方。他们碰见了一个比起安第斯山人所建造的巨型宫殿都毫不逊色，甚至更难以解释的场景。在1722年的复活节那天，荷兰人见到了一个过去闻所未闻的岛屿，岛上没有一棵树，土壤已经侵蚀得很厉害，以至于他们还以为这里光秃秃的山是沙丘。荷兰人非常惊异，当走近来看，他们看到成百的石雕站立着，有的高度和阿姆斯特丹的房子一样。"我们无法理解这些人怎么能够建造起这样的石像，几乎达三十英尺高，而他们没有沉重坚实的木头或者结实的绳索可以使用。"[4] 50年后英国的库克船长也确认了岛屿的破败，他发现这里"没有木头可以做燃料；也没有任何可以运到船上使用的淡水"。他还描述了岛上居民使用的微型独木舟，整个船体就是由海面上搜集到的各种漂流木缝制到一起，犹如鞋皮那样的补丁一块块拼起来的，他认为这种船是太平洋岛屿上最差劲的制造。大自然，他总结说，"对这块地方给予的眷顾不能再少了。"[5]

复活节岛让所有早期到访者惊叹的巨大神秘之处，不仅仅在于这些庞大的雕像就这么立在一个如此微小而遥远的世界角落中，更在于这些石雕似乎是被轻而易举地放在那里，如同从天上放下来的一般。那些西班牙人认为印加人的精美建筑工程是魔鬼的杰作，仅仅是因为他们无法认识到另一个文化的伟大成就罢了。但是，即使是科学的观测家也很难在第一眼就看出复活节巨石的端倪。这些巨石像就这么挑衅般地站在那里，挑战着人类的常识。

我们现在知道了这个谜的谜底，而谜底让人直冒冷汗。借用库克船长的说法，大自然对于它的眷顾显得非常吝啬。[6]针对岛上火山湖的花粉研究显示，复活节岛曾经有很丰富的水资源，植被也很葱郁，富饶的火山灰支持了茂密的智利酒椰子树林的生长，[7]这是一种可以长得如橡树一样粗的优质柚木。岛上也没有发生过自然灾害：没有过火山喷发、旱灾、瘟疫。复活节岛遭遇的灾难是人为的。

波利尼西亚人把复活节岛称作 Rapa Nui，大约在公元五世纪时，来自马克萨斯群岛（Marquesas）或者甘比尔群岛（Gambier）的移民开始进驻并生活于此。这些移民用双体船满载了他们通常携带的各种农作物和动物到来，其中包括狗、鸡、可食的鼠类、甘蔗、香蕉、甜薯和可以用来制造树皮布的桑葚。[8][托尔·海尔达尔（Thor Heyerdahl）的理论认为复活节岛的居民来自南美洲，这理论没能得到最新研究证据的支撑，但在那时秘鲁和大洋洲之间零散的接触应该是有可能发生过的。[9]]复活节岛的天气对于面包果和椰子树来说太冷了，但是这里有丰富的海产品：鱼、海豹、海豚、海龟，还有筑巢的海鸟。定居后的五到六个世纪里，岛上的居民已经增长到了大约一万人——这对于64平方英里的土地来说算很多了。[10]人们开始以岩石为地基建造房子，并且形成了村落；他们也开垦了最好的土地用于种植。从社会组织的角度，他们分成了不同的氏族和阶层——贵族、神职人员、平民——也许还有一个首领般的人物，或者说"国王"。如同其他岛屿上的波利尼西亚人一般，每一个氏族都开始建造宏大的石像以纪念其祖先。这些石像的毛石是来自火山湖的凝灰质，然后被放置到海岸边的平台上。随着时间的推移，石像崇拜变得越发具有竞争性，也越来越奢侈，在大约欧洲中世纪的时候达到了高潮，那时候是金雀花王朝统治着英格兰。

每一代人制造的石像都要比上一代人的更大，需要消耗更多柚木和绳索，也需要更多的人力来把石像抬到神坛上。树木被砍的速度快过了成长的速度，而这个问题又因居民带来的鼠类动物而扩大了，因为老鼠把树种和小树苗给吃了。到了公元1400年的时候，在火山湖里按年累积的化石积层中已经再找不到花粉的踪迹：复活节岛上的森林被岛上最大和最小的哺乳动物完全摧毁了。

我们可能会想，在这么一个空间有限的地方，从岛上的特拉维卡（Terevaka）山顶望下去，岛民们应该能够一眼就对岛上的整个环境有很好的判断，他们应该已经采取了相关的措施和步骤去制止砍伐，保护小树苗，重新种植树木。我们也可能会想，当树木变得稀少，石像的建造应该会被遏制，那些柚木会被保留着用于最重要的用途，如制造船只和屋顶。但是，这些都没有发生。那些把树木砍倒的人都能看到这是最后的树木，也能肯定地知道未来再也不会有另一棵树了。即使这样，他们还是把最后一棵树砍倒了。[11]岛上所有的树荫都消失了，只留下那些祖先石化的雕像洒下的带着硬边的影子，人们更喜爱这些石像，因为它们使他们觉得不是那么孤单。

又过了一代人左右的光景，这时岛上的人们还是有足够的老柚木可以来推动巨石，也还有几艘可以进入深海航行的独木舟。但是，最后一条好船也消失的那一天终于还是到来了。人们开始意识到海产品将越来越少，更糟糕的是，他们将无处可逃。当地语言里的"木头"一词为Rakau，成为了他们生命中最宝贵的一个字眼。为了争夺古代的厚重木板，还有已经被虫蛀得厉害的漂浮物，战争爆发了。岛民们把所有的狗都杀了吃掉，也吃掉了几乎所有可以网到的鸟儿。动物消失后的寂静加深了整个岛上令人难以忍受的寂寥。除去那些被称为摩艾的吞噬了大片土地的巨型石像，岛上已经没有剩下什么东西。可是，这些祖先的石像依然让人们相信它们会带来丰厚的回报，前提是人们对它们保持信仰，并且通过增加石像来加持它们的影响。问题是，我们怎么才能把你们这么巨大的石像推到神坛上？雕刻的人这么问。摩艾回答说，到时候它们会自己走上去的。于是，岛上采石场的敲击声继续着，火山岩墙不断变作上百个新的巨型石像，这些石像变得更加庞大，根本就无需人类去搬运它们。在神坛上最高的石像达到了三十多英尺[12]，重量达到了八十吨。岛上雕刻的最高石像有六十五英尺高[13]，重达二百吨，完全可以与印加王国或者埃及人所制作的巨型石雕相媲美。当然，这样的巨石像没有移动过哪怕一英尺。

最后，岛上共有超过一千个摩艾石像，在最顶峰的时候，平均每十个人就有一个石像。但是，好日子已经一去不复返，一同逝去的还有好的泥土——随着无尽的大风和泥石流被吹到和冲到海里。岛上的居民被一种进步所诱惑着，这进步后来发展成了一种疯狂，或者如有些人类学家所界定的"病态的意识形态"。当欧洲人在十八世纪到达复活节岛时，最糟糕的时候已经过去；他们发现每个石像旁都有一两个活人，他们都是很可怜的幸存者，"矮小、瘦弱、胆小并且很悲惨，"库克船长如此写道。[14]这时候因为没有了屋顶的梁木，许多岛民就住在岩洞里；他们唯一的建筑只剩下石头做的鸡屋，人们站在鸡屋前，日夜守护着最后的非人类蛋白质，以防其他人的偷盗和掠夺。欧洲人听到武士阶层夺权的故事，知道复活节岛如何因为燃烧的村庄、血腥的战争、还有人吃人的残酷而颤抖过。在这个末日时代，人们的一个发明是把原本用于制作工具的黑曜石（一种火山形成的玻璃，状似剃刀）用来制作武器。[15]匕首和矛头成为了岛上最普遍的手工制品，成堆地放在坑里，就像现代版"生存主义者"囤积的手榴弹和步枪。

即便这样也还不是最糟糕的。在荷兰人1722年的到访和库克船长五十年后的造访之间，岛民们再次互相开战，而这次，战火也烧到了祖先石像身上。库克看到摩艾石像们在神坛上被推翻，有的断裂，有的头被砍掉，石像废墟旁也散落着人类的骸骨。没有可靠的文字记录让我们知道到底发生了什么，以及为什么会这样。也许战争爆发于敌对氏族的残酷，就像欧洲国家在第二次世界大战期间对天主教教堂的轰炸一样。[16]也许这样的行为起源于外来的陌生人，他们乘坐着漂浮的城堡到来，拥有令人难以想象的财富和威胁性，打破了复活节岛的独居氛围。这些外来者拥有木头，却也带来了死亡和疾病。在与船员们的争斗中，岛民们经常被打死在海滩上。[17]

我们不知道那些要求不低的摩艾到底给它们的子民做出了什么许诺，但是外部世界的到来似乎暴露了这种石像崇拜的部分幻象，把原来极端的崇拜和信仰转化为了极端的失望和幻象的破灭。无论其目的如何，对复活节岛的破坏都持续了至少七十年的时间。每一艘到来的外国船只见到的石像都比上一次少，直到最后，连一个立在神坛上的石像也没有了。[18]石像的毁灭和移除工程对于人数已经很少的石像建造者的后代们来说，一定是件很艰难的事。彻底的毁灭和精密的计划，传递的是比氏族战争还要更深层次的原因：人们对他们不顾后果的父辈的愤怒，也是对逝者的反叛和暴乱。

复活节岛为我们的世界带来的教训并没有就此消逝。在考古学家保罗·巴恩（Paul Bahn）和约翰·弗莱利（John Flenley）1992 年合著之作《复活节岛，地球之岛》（*Easter Island，Earth Island*）的总结部分中，作者明确写道，复活节岛的岛民们，"为了我们，他们进行了允许无限制人口增长、对自然资源的奢侈浪费、对环境的破坏以及对宗教能够照顾好自然的膨胀的自信等试验。试验的结果是生态的灾难所导致的人口灾难……我们是否非要在一个更宏大的规模上重复这个试验呢？人类的性格是否总是和复活节岛上那个砍倒最后一棵树的人的性格一样呢？"[19]

最后一棵树。最后一头猛犸。最后一只渡渡鸟。也许很快就是最后一条鱼和最后一只大猩猩了。借用警察所称的"养成"（form）说法，我们是没有理性的连环杀手。问题是，这样的养成是否一直如此，必须一直如此？是否所有的人类体系都注定要在自己内部逻辑的重压下蹒跚前行，直到这重压把人压垮？正如我已经指出的，答案，——我想，也包括补救方法——就在过去一些社会的命运中。

复活节岛是在受限制的环境中的一个与世隔绝的小型文明。它对于大多数文明的典型意义有多大？在上一章里，我提出了一个技术定义：文明是大型、复杂的社会，其核心特点包括植物、动物和人类的驯化，通常都有城镇、城市、政府、社会阶层，以及专门化的职业分工。古代和现代的文明都是如此。但是复活节岛并不满足所有的标准。从一万的人口来看，它太小；它没有城市，它的政治结构顶多就是一个酋长统治，而不是一个国家。但是，复活节岛有自己的社会阶层和专门职业（石雕者就是其中之一），其成就也是可以和那些更大的文化相提并论的。[20] 其与世隔绝的现实也使之成为那些更复杂体系——也包括我们现在居住的这个在宇宙间漂浮的巨大岛屿——的一个微型版本，具有特别的重要意义。复活节岛给人类带来的冲击远超其自身的重量；只不过它是一个人的拳击，就像通过一个屏幕，我们能够慢速回放当年它把自己打倒在地的每一个动作。

有些作者是从武器和胜者的角度来看历史的，他们通常会过分强调不同文化和不同大陆是在不同速度上发展的。让我更加惊叹，同时也是能够帮助我们更好了解人类到底是什么生物的，是人类在全球范围内，即使在不同的文化和生态环境中，都在非常短的时间内做成了相似的事。

距今三千年前时，文明已经在世界上至少七个地方发展起来：美索不达米亚、埃及、地中海地区、印度、中国、墨西哥和秘鲁。[21] 考古学研究显示，这些文明中只有约一半是从其他文明那里获得了农作物和文化启迪。[22] 剩下的文明都是自己白手起家，一点点地创造出自己的文明，并且不会相信世界上还有其他的文明也在做着同样的事。这一令人惊叹并平行发生的思想、过程以及形式，都告诉我们一个很重要的事实：如果宏观条件一致的话，世界上人类社会的发展趋势会变得更大、更复杂，对环境的需求也更高。

复活节岛上的微型文化是世界上独立发生和发展文明的最后例子之一。最早的例子是苏美尔文化，在今天的伊拉克南部地区。苏美尔人的种族和语言归属至今依然没有很明晰的论断，但是他们确立了一个文化模式，为后来旧世界的闪米特人以及其他文化确立了一个模范。[23]他们为世界展示了最好和最坏的文明生活，通过刻写在泥陶刻片上的楔形文字——最能经久的人类思想的媒介之一，很像是经过训练的鸟儿的歌声——告诉我们关于他们的种种。他们在巨石阵和埃及第一批金字塔刚刚建立的时候，写下了世界上最古老的文字故事，名为《吉尔伽美什史诗》（*The Epic of Gilgamesh*），记叙的是"有高大围墙的乌鲁克，拥有伟大街道的城市"的故事。那些我们在希伯来文《圣经》里熟悉的传奇故事，伊甸园和大洪水等，都以更早形式的故事出现在这本书里。这本书里还包括了一些可能后来被认为太粗鄙不雅而没有被收入《摩西五经》的其他故事。这些故事中有一个讲野人恩奇杜（Endiku）被"一个妓女，愉悦化身"引诱到了城市，这故事让我们得以重温人类从狩猎生活向城市生活转变的过程：

> 现在所有的野生生物都逃走了；恩奇杜饿得很虚弱，但是智慧已经在他脑子里，而人的思想已经进入了他的心里。于是他回去了，坐在那女人的脚边，认真地听她说。"你很聪明，恩奇杜，现在你已经变得像神一般。为什么你还要像野

兽一样在山上狂奔？跟我来。我会带你到一个有强大城墙的乌鲁克城，去那被护佑的伊丝塔（Ishtar）和安努（Anu）神庙，去爱和天堂的神庙：那里居住着吉尔伽美什（国王），他势力强大，统治着人类。"[24]

整个历史上，中东都是非洲、欧洲和亚洲的十字路口。回到旧石器时代，尼安德特人和克罗马农人在这块土地上斗争了大约五千年——随着气候的变化南北迁徙，在不同的时间里生活在同样的石屋中，很可能相互驱逐。我怀疑，如果我们能够在史前时期用收音机调到任何一个时代的频率收听中东的新闻，都会发现这个地方充满了创造力和冲突，这样的情形，有史以来都是如此。

但是，如果我们想当然地认为"肥沃的新月地带"因为其优越的自然条件，和那些适合驯化的植物和动物，会让它的发展变得快速和容易的话，那就错了。即使是在农业和畜牧业出现后的几千年时间里，中东地区最大的人类居住区——耶利哥（靠近死海）和加泰土丘（在安那托利亚）——依然是非常小的，仅分别占据着十英亩和三十英亩的土地面积。[25]

如果伊甸园在人间有一个具体地方的话，这儿就是了。不同的是，在这里，蛇不是人类唯一的敌人。耶利哥和其他地方森严的城堡工事说明当时人们对土地的白热化竞争，而人口超过土地负担则是另一个明证。农业生活也并不见得比狩猎生活要更容易或者更健康：人们体形矮小，工作和劳动时间也比非农业人口要更长。加泰土丘的考古证据显示，当时妇女的平均寿命是 29 岁，男性平均寿命是 34 岁。[26] 到公元前 6000 年时，有证据表明当地经历着普遍的森林面积减小以及土壤侵蚀。无序的烧山和过度的放牧山羊也许是主要的罪魁，但是为了取得石膏和石灰水而煅烧石灰的行为也摧毁了林地，直到这片土地变成今天尽是草生灌木丛和半荒漠地带的模样。到公元前 5500 年时，很多新石器时代早期的人类居住地都被放弃了。[27] 就像在复活节岛上一样，人们同样把自己的巢穴给弄脏了，或者说是把土地毁掉了。而与复活节岛上岛民的不同之处在于，他们还有地方可以逃走，并且从头再来。

从伊甸园被自我放逐出来后（上帝带火的剑很可能就是人们在山里胡乱点燃的山火之光），人们在底格里斯河和幼发拉底河被洪水冲积的大平原上发现了第二个天堂——被称为美索不达米亚平原或者伊拉克的地方。这个地方被现代战争影响后的形象依然鲜活地出现在我们脑海里：没有树的平原、即将干枯的绿洲、盐碱地、沙尘暴、水面的油膜，还有燃烧后的油罐。到处可见崩塌的古代文明遗迹留下的大块的土砖，在太阳下曝晒，在风中被撕扯。这些文明的名字仍然在我们文化的地下室里回响着——巴比伦、乌鲁克（Uruk）、还有迦勒底的吾珥（Ur of the Chaldees），这里也是亚伯拉罕的出生地。

回到公元前第五到第四个千年里，南伊拉克已经成为一个水道发达的湿地三角洲，这里鱼类成群，芦苇荡高比房屋，沙洲上长满了海枣树。在藤丛里，生活着野猪和水禽。如果翻种平原的冲积土，可以让每一粒播种的种子产量翻一百倍，因为这里是新的土地，河流冲积下来的土沉积在波斯湾入海口。"新"是一种说法：在这里定居下来的人们事实上是随着他们原来的老土地而来，它们被大河从已经用尽的山上冲刷下来，就像《圣经》里说的，出了伊甸园。[28]

上帝在亚当和夏娃的子孙面前降下了第二次机会，不过在这个再造的伊甸园里，人们不再像身处第一个伊甸园时那样，必须通过汗水和勤劳获得食物。"对这个自然天堂的开发，"戈登·齐尔德在他的经典著作《最古老的东方》（*The Most Ancient East*）中这么说，"需要人类密集而精细的劳动，以及大量人口的有组织合作。可以农耕的土地基本上需要人们去开发……通过使土地和水'分离'；沼泽地必须把水排干；洪水需要得到控制；需要通过人造的水渠，把给予一切生命的水引到不下雨的沙漠地带。"[29]至少从这个例子中我们可以看出，文明的等级随着对水资源控制的需求而不断增长。[30]

散落的泥土村落逐步发展成为了城镇。到公元前三千年时，这些城镇已经变成了小城市，在自己的废墟上一次次重建，直到它们矗立在被称作台勒（tell）的土堆上。在大约一千年的历史里，苏美尔文明主要由十几个主要城市主宰着，每个都是一个小城邦的中心。这期间只有两次形成过短暂的统一王国：第一次是由闪米特入侵者萨尔贡（Sargon）实现的；后一次是由吾珥第三王朝实现。现在有观点认为苏美尔人口的五分之四生活在城市里，而其总人口也仅仅只有五十万。(同一时期,埃及人大多生活在农村,人口也是苏美尔人的三倍有余。)[31]

在苏美尔文明的初期,苏美尔人的土地是集体拥有,人们会把产出的粮食作物,或者至少是产出的盈余部分,送到城市里的神龛。在这里,神职人士阶层负责着人类和神之间的事务——观星象、指导水利灌溉工程建设、提升农作物品种和质量、酿酒,还负责建造日益精美宏大的寺庙。随着时间的流逝,城市发展得越来越大,一层层叠加,变作了人造的山脉,在这人造山的山顶总是会点缀着美索不达米亚人特有的金字形神塔,也称做通灵塔(Ziggurat),它是统治着人界的一座圣山。[32]这就是后来被以色列人讽刺的巴别塔的原型。神职阶层最早起源于村落里的合作社,慢慢垂直发展变化成人类的第一批公司,拥有官员和雇员等的一个完整体系,承担着"并非不盈利的、负责管理上帝资产的任务"。[33]

南伊拉克平原是非常富足的农业土地,但是缺乏其他那些城市生活所需的物品。木材、打火石、黑曜石、金属、建筑用的每一块石头、雕刻,还有食物的打磨机都需要从外面引进,基本上都是用谷物和布匹交换得来。于是,有轮子的推车、套头的牛、黄铜和青铜的使用都很早就应运而生。[34]贸易和财产变得高度重要,并且在之后成为西方文化的核心要素。中东人对于他们的神持有一种雇佣和被雇佣的观点,即神是大的地主,而他们则是神的农奴,"在上帝的葡萄园里辛勤劳作"。与埃及、中国或者美索亚美利加的文字不同,苏美尔的文字不是为了神、占卜、文学,或者皇家的宣传而产生，他们的文字其实是为了记账才产生的。

随着时间推移，神职的公司日益膨胀，变得更有剥削性，更多关注的是神职人员自己的利益，而不是位居他们之下的普罗大众的利益。尽管他们的社会也出现了资本主义的一些元素，比如私有财产，但社会上还是缺乏亚当·斯密鼓励的自由竞争。苏美尔的公司是由天国授权的垄断组织，一定程度上很像中世纪的修道院或者是电视福音布道者的领域。可是，他们的生活方式与修道的生活方式相去甚远[35]，正如《吉尔伽美什史诗》（*Gilgamesh*）里所暗示的寺庙里的卖淫行为所示。苏美尔的神职人员也许是他们神的虔诚信徒，但这并没有保证古代的老百姓免于因为轻信而受到操控；最糟糕的情形是，这些神职人员是世界上最早的诈骗犯，他们操控着永恒的摇钱树——保护费、酒和姑娘。[36]

一开始的时候，神职人员提供的保护源自自然的力量和神的愤怒。但随着苏美尔城邦国家的不断发展，这些城邦之间开始制造战争。他们的财富也吸引了来自山地和沙漠之人的抢掠和攻击，尽管这些人的文明程度要更低，可他们的武力却通常比城邦要强。于是，占地一千一百英亩[37]，人口达五万的当时苏美尔最大的城市乌鲁克城[38]，拥有了"坚实的城墙"这一苏美尔世界的奇观。

"爬上乌鲁克的城墙，"《吉尔伽美什史诗》如此邀请道，"沿着城墙走，我说；欣赏这基石的台阶并仔细检查这石匠活儿：这不是烧透了的砖么？质量不是很好么？"[39]

发明了水利灌溉、城市、公司和文字之后，苏美尔人还创造了职业军人和可以传代的君王制度。这些君王搬出了寺庙，住进自己的宫殿[40]，在宫殿里，他们与神建立了个人的关系，对外宣称自己是天上神的子嗣，在人间拥有神一般的待遇，这样的"王权神授"理念后来在许多文化里都出现了，并且作为一种神圣的权力一直延续到现代社会。[41]随着君王制度的出现，文字也有了新的用途：书写朝代的历史，进行宣传，对个人的赞颂。诗人贝托尔特·布莱希特（Bertolt Brecht）在他关于建造金字塔的工人抬头望向金字塔的诗句里很直接地描述道：

> 书本里写满了君王的名字。
> 推动那些糙砾的巨型石块的人当中有君王吗？……
> 年轻的亚历山大征服了印度。
> 他一个人做到的吗？

到公元前两千五百年的时候，由城市和公司集体拥有土地的日子一去不复返了。土地现在属于贵族和大家族了。苏美尔的普罗大众成为了农奴和佃农，[42]在他们之下，有一个永久性的奴隶阶层——这个西方文明的特殊阶层一直延续到了公元十九世纪。

国家强行把使用胁迫性暴力的手段赋予自身：去要挟别人服从，对因犯实施死刑，把年轻人送到战场。在这个基础上衍生出了那朵恶毒的花，用库切在其非同寻常的小说《等待野蛮人》中所用的词，"文明的暗黑花朵"[43]来描述折磨、冤假错案、示众的暴力最终把力量变作了权力。

苏美尔和其他文明中的"王权神授"所享有的特权之一是拥有不同类型的人类牺牲品，包括君王有权让人陪葬。吾珥王的陵墓被考古学家称为"死亡坑"，里面埋有人类第一批的皇家妃子、仆人，还有建造了陵墓的工人——一共有七十五名男女，他们的骸骨就像抽屉里的勺子一样堆在一起。[44]世界范围内，从埃及到希腊，再到中国和墨西哥，那种认为君王的生命远比普通臣民的生命更重要的观念，总是一次又一次地出现。[45]最后负责封上陵墓的工人被守卫的卫士杀死在现场，然后这些卫士又被其他卫士杀死，如此继续下去，直到过世君王的行刑者认为君王死后的栖息之所足够荣耀和安全为止。

我们过去倾向于认为古代的北美洲是非城市的和主张自由主义的，可是在卡霍基亚，一个面积和乌鲁克城相同的哥伦布时代之前的城市，人们惊异地发现这里的几个古代墓葬表明存在陪葬习俗。这些古人所建造的土金字塔，依然矗立在圣路易斯附近的密西西比河边。[46]

在古代社会的世界里，统治者们还表演着最基本的政治戏剧：被俘者的公开牺牲行为。正如19世纪阿散蒂王国的国王很直率地告诉英国人："如果我把牺牲人类的行为废除，那我就是放弃了一个控制百姓并使之臣服的最有效的方法。"[47]那时候的英国人还会把反叛者绑在火炮口后开炮，把人撕成两半，所以他们基本上也不需要阿散蒂国王这样的建议。每一种文化都有其自身的规则和感受。在墨西哥，西班牙征服者因为当地人对囚犯施行的仪式屠杀——用刀片切割心脏——而深感不安。而当地的阿兹特克人同样对于西班牙人活活把人烧死的行为感到恐惧。

暴力与人类的历史一样长久，但是文明之下对暴力的使用，使暴力变得尤为恐怖。在吾珥君王的"死亡坑"里，我们可以窥见自此后五千年里所有即将出现的大型墓葬，包括最近的波斯尼亚和卢旺达；还有回到原点的萨达姆·侯赛因，他把他的名字印刻在用于重建他自己纪念碑的砖头上，就像那些古代君王做过的。在人类文明社会里，与狩猎者—采集者社会不同，一个人是谁一直都具有重要的意义。从那些围坐在篝火旁的旧石器时代的大家庭，进化到有些人是半神，而其他人只是一具肉身，命定要劳作致死或者给比他们更高贵的人陪葬的社会，我们人类已经走了很远。

直到机械化的农业开始之前，粮食种植者，无论是农民还是奴隶，在数量上都超过了那些依靠他们的劳动剩余过日子的精英和职业阶层人士，数量比约为十比一。劳苦大众如此做的回报基本上也就是温饱和活下去，外加一些社会风俗和信仰给予的慰藉。如果他们的运气不错，国家出于启蒙后的自我利益考量，会在农作物歉收和减产时为他们提供公共救助和支持。那一类的领导人就是服务提供者，而富人应当开仓放赈的理念还是在一定程度上保留了下来，也能够在许多种语言里找到根据。英文里用的"主"（lord）这个词源自古英语里的 Hlaford 一词，或者是 Loaf-ward，意指那个确保面包供应的人，同时也是指那个愿意分享面包的人。

印加人的皇帝一词 qhapaq，意为"慷慨、大方的"，指搜集了财富并且重新分配的人。印加皇帝的另一个叫法是 wakchakuyaq，意为"照顾弱者之人"。[48]夏威夷的首领们会得到来自年长者的警告，让他们切记不得囤积食物或货物："手必须总是摊开的；这关系到你的声誉。"[49]据说，中国帝王的首要责任是让老百姓吃饱。历史和事实告诉我们，在中国，如同大多数农业社会一样，在进入现代社会前，基本上都是从一个朝代的饥荒跌跌撞撞地进入另一个朝代的饥荒。[50]在第三世界国家，有效的粮食安全在今天和过去都是稀缺的。大多数古代国家在面对超过小型危机的任何困难情况时，都缺乏足够的仓储或者运输能力来应对。印加帝国和罗马帝国可能算是在饥荒应对方面最厉害的国家了，你会注意到，并非巧合的是，他们两个帝国都很庞大，地域跨过了几个气候区，国家拥有良好的仓储设施、道路和海路运输。

如苏美尔这样的小型文明，过分依赖于一个生态系统，没有高地，在洪水和旱灾面前会特别的脆弱。这样的灾害，无论在过去还是现在，都会被视作"神的行为"（或诸神的行为）。像我们一样，苏美尔人对于人类自身行为也是罪魁的事实只有有限的认识。洪泛平原迟早会发洪水，但是上游分水岭的乱砍滥伐和森林退化使得洪水泛滥得比森林退化前更加迅猛，更加致命。森林覆盖的林地因为有了一层林下植被、苔藓和腐殖沃土，可以像海绵一样吸收雨水，使之慢慢渗透进入下面的地表和泥土；树木则吸收了这些水分，然后把它们通过呼吸又送入了空气中。而在那些太古时候的森林和土壤被砍伐、焚烧、过度放牧或者过度犁作而破坏的地方，那些次表层的土壤在干燥的天气里被烘烤着，就像一个潮湿的屋顶。结果就是山洪暴发，有时候这些山洪会挟裹着大量的淤泥和碎石冲下山谷，就像液体水泥一般。一旦洪水到达洪泛平原，水体流动速度会慢下来，碎石会被留下，洪水则呈棕色慢慢散开，流向大海。

洪水令人吃惊的冲积力在美索不达米亚表现得很明显。在苏美尔有历史记录的五千年间，两条大河创造了波斯湾入海口大约八十英里[51]的冲积平原。伊拉克第二大城市巴士拉所在地在远古时代是一片开阔的海洋[52]。苏美尔的平原有大约200英里宽[53]。当那种百年一遇的大洪水泛滥时，国王站在被雨水冲刷着的寺庙里，能够感受到自己脚下的土地在发软，抬头见到的是一望无际的水，填满了他和天际之间的所有空间。

亚当和夏娃不仅把他们自己驱逐出了伊甸园，他们在伊甸园里留下的被侵蚀的土地也为后来发生的挪亚洪水埋下了伏笔。[54]在很早以前，当城市的土墩还很低时，城市很容易被淹，那时候，唯一的避难工具是一艘船。苏美尔版的传奇故事以第一人称的方式讲述了一个名叫乌纳皮施汀（Utnapishtim）的人的故事，其中包含着一系列真实的事，也生动明晰地描述了暴虐的天气和决堤的堤坝。[55]在故事里，我们能够见到的不仅仅是《圣经》故事的最初版本，也是第一位见证人描述的目睹人为环境发生灾难的全过程：

在那些日子里，世界物产丰富，人口翻倍……恩利尔（Enlil）听到下界的喧闹，他对天界的神说，"下界人们的吵闹实在是不能忍受，睡都睡不着了……"于是，诸神一致同意要把人类毁灭掉。[56]

恩利尔，风暴之神，是整个行动的煽动者；其他的神，包括伊丝塔（Ishtar），爱的女神和天堂的皇后（一个不是那么圣洁的圣母马利亚的早期版本），都跟着行动了。但是智慧之神伊阿（Ea），托梦给乌纳皮施汀："把你的房子拆了，建造一艘船，放弃你的所有财产，逃命吧……在船上装上所有生物的种子。"

时间到了，夜幕降临，风暴之神降下了暴雨。我抬头望出去，天气很糟糕，我也上了船，把船舱密闭好……早晨的第一缕阳光带来了地平线上的一块黑云；在阿达德（Adad），风暴之神所到的地方，电闪雷鸣……接着，混乱之神登场了；内尔伽勒（Nergal）把两条河的堤坝都捣毁了，战神尼努尔塔（Ninurta），把堤坝扔了，然后……风暴之神把大地像杯子般敲碎，把白天变作了黑夜……

暴风吹了六天六夜，激流、暴风雨和洪水冲击着世界……当第七天的清晨来临……我望向这世界，只有寂静，所有的人类都化作了泥土。海面就像屋顶一样一直延伸开来；我打开一扇舱门，光照在我脸上。然后我弯下腰去，我坐下来，开始哭泣……因为我周遭全是水。

乌纳皮施汀放出鸟儿去寻找陆地。当洪水开始退去，他燃起了香，引来了众神，但是他话语里暗示出真正吸引了众神的是泥土中散发恶臭的尸体：众神，他说，"像苍蝇围拢在牺牲品身旁。"不像头顶五彩光环的耶和华，苏美尔的众神并没有给人任何承诺。伊丝塔用手指了指自己的项链，并说只有她会记住。恩利尔见到了方舟，变得愤怒："难道有些该死的逃掉了？不应该有任何人逃脱的。"接着，伊阿，给了人类预警并且拯救了动物的神，开始责备恩利尔的所作所为，并且用悲伤的曲调歌唱起来：

> 一头狮子会踩蹦人类吗
> 只有洪水…
> 一场饥荒会毁灭了世界吗
> 只有洪水。

伊阿应该对所说的话更小心才是。当伦德·伍利爵士（Sir Leonard Woolley）在战争间歇对苏美尔文明进行考古挖掘时，他写道："对于那些见过美索不达米亚沙漠的人来说……古代社会几乎显出了难以置信的完好，使得过去与现今的比较能如此完整鲜明……为什么，如果吾珥是一个帝国的首都，如果苏美尔曾经是一个巨大的粮仓，怎么它的人口会减少到灭绝，而土壤会被侵蚀殆尽？[57]"

他所提出问题的答案就一个字：盐。江河从岩石和泥土里冲刷了盐分，然后把盐带到大海。但是人们开始把水引入到干旱的土地，大多数水分蒸发掉，留下了盐。灌溉也引起土壤的浸泡，使得半盐的地表水开始向上渗出。除非有很好的排水设施、长时间的耕作轮休期，以及足够的降雨来冲洗土地，否则，水利灌溉工程就可能在未来导致盐田的出现。

伊拉克南部是最容易让人类开始水利灌溉的地区，同时也是最难维持灌溉的地区：这就是进步为人类设下的最有诱惑力的陷阱之一。经过几个世纪的大丰收，这里的土地开始与农夫背道而驰。麻烦的最初征兆是小麦的减产，小麦对于农民，就像白葡萄酒对于矿工一样重要。随着时间的流逝，苏美尔人不得不用青稞代替了小麦的种植，因为青稞对于土壤里盐的承受力要更强。到公元前两千五百年的时候，小麦种植只占到所有农作物的 15%，到公元前两千一百年时，吾珥人完全放弃了小麦。

作为世界上最早的水利工程建造者，苏美尔人不应该因为没有预见到他们自己的发明会带来的负面影响而被责备。但是政治和文化压力一定让整个事情变得更加糟糕。当人口数量少的时候，城市能够通过增加耕作轮歇的时间、放弃耕种被破坏的土地、开垦新的土地种植等方法来回避问题，虽然这样做需要投入更多精力和成本。在度过了一千五百多年后，已经没有新的土地可以开垦了。这时，人口已经达到了顶峰，统治阶级处于不稳定的状态，长期的战事更是需要一支正常运行的部队来支撑，而这就带来了麻烦。正如复活节岛的居民一样，苏美尔人没能对自己的社会体系进行改革，以降低其对环境的影响。[58]与此相反，他们试图去加强农业生产，特别是在阿卡德帝国（Akkadian Empire）时期以及吾珥第三王朝的绝唱时期，这个王朝在公元前两千年时灭亡。

短命的吾珥帝国给我们展现的是和复活节岛一样的行为规律：坚守深入人心的信仰和相关的实践、以对未来的掠夺来为今天埋单、把自然资本的最后库存用于维持不计后果、过度的财富和荣耀。运河挖得更长、耕作轮歇期减短、人口剧增，吾珥的经济盈余全部集中用于建造宏大的建筑工程。这样做的结果是有人享受了几代的繁荣（对于统治者而言），然后紧跟而至的是毁灭性的灾难，这次灾难过后，美索不达米亚南部地区再也没有恢复过来。[59]

到公元前两千年时，有些文书官员开始报告说，土地已经"变白了"。[60]所有的农作物，包括青稞在内，都减产了。产量减到最初产量的三分之一。苏美尔人在太阳底下长达几千年的历史就此终结。政治力量的中心向北移动到了巴比伦和亚述，然后，移到了伊斯兰治下的巴格达。美索不达米亚北部比南部的排水要更好，但即使是在那里，一代一代的帝国统治不断重复着和南部同样的环境恶化，直到现代。似乎没有人愿意从过去的教训里学习和改进。今天，伊拉克灌溉过的土地，有一半都是咸田——这是世界上盐分含量最高的土地，含量第二和第三的分别是另外两个冲积平原文明的中心，埃及和巴基斯坦。[61]

至于苏美尔的古城，现在还有几个作为小村庄依然存在并挣扎着，但是绝大多数都被荒废了。即使是四千年后，这些古城周围的土地依然贫瘠，浸透着进步灰尘的白色。吾珥和乌鲁克帝国矗立在自己制造的沙漠中。

注释：

[1] 详见我在第二章里对文明的定义。绝大多数考古学家会选取公元前三千年或左右，作为人类历史上第一批完整形成的文明——也就是苏美尔和埃及——的开始时间。人类向文明进发的时间则早在距今一万年前，并且在新旧世界都出现了，最初的几步涉及到了植物的育种。

[2] 引自 Daniel，*The Idea of Prehistory*，pp.14–15。

[3] Francisco de Toledo 在 1571 年 3 月 25 日的信，引自 Luis A.Pardo 编辑的 *Saqsaywaman* no.1（July 1970）：144。

[4] 来源于 *The Journal of Jacob Roggeveen*，翻译及编辑：Andrew Sharp（Oxford：Clarendon Press，1970）。引自 Paul Bahn 和 John Flenley 的 *Easter Island，Earth Island*（London：Thames and Hudson，1992），p.13，后来被更完整地引用自 Catherine 和 Michel Orliac 的 *Easter Island*，翻译：Paul G.Bahn，（New York：Harry N.Abrams，1995），pp.98–99.

[5] Orliac，*Easter Island*，p17。

[6] 大地和海洋在物种种群方面，比起比如斐济和塔希提群岛这么大的热带群岛来，都要显得贫瘠一些。就像马克萨斯群岛一样，复活节岛周边并没有围绕的珊瑚礁。

[7] 或者是一个与智利棕榈树种属密切的已绝种物种。

[8] 这些物种中的绝大多数基本上都是源于东南亚地区。甜薯则是来自南美洲，在整个波利尼西亚（借用 Bahn 和 Flenley 在 *Easter Island* 中的说法）有一个奇普语的名字，*Kumara*。不知为何，这次的迁徙航行中并没有包括猪。

[9] 在 Bahn 和 Flenley 非常出色的 *Easter Island* 一书中，他们却错误地宣称古代秘鲁人缺乏帆船。自蒂亚瓦纳科时代始（大约在公元一世纪时），这里就有了非常成熟的帆船文化，航行路线主要是沿南美洲海岸线行进。在印加时代，这样的航行是从钦查（Chincha）以及其他在利马南部的海港出发，沿印加帝国的海岸线而上，到达瓜亚基尔（Guayaquil），并且从这里出发继续航行到巴拿马。这些航船和康提基号的设计很相似，但是体积更大，工艺也更加复杂。装备了多块活动船板，这些航船能够经得住强风的冲击，一直到 18 世纪依然在科隆群岛（Galapagos）进行往返航行，单程航行约一千公里的距离。皮泽洛（Pizarro）知道印加帝国的存在是因为他在 1526

年拦截到了从通贝斯驶往加拿大的一个商船船队。他登上被拦截船队的船，这艘船有二十名船员，装载有三十吨的货物。西班牙人将这艘船的尺寸和航行设备与他们自己的轻快帆船进行了比较。现在我们知道，印加时代之前的航海者数次航行到了科隆群岛，留下了特色鲜明的陶器。印加帝国之前的秘鲁人有可能到过马克萨斯群岛，这里有可能曾经是复活节岛、夏威夷岛以及其他岛民们的迁徙"枢纽"。我认为波利尼西亚的独木舟偶尔也曾经到达过南美洲的海岸，然后又航行回到了自己的岛上。西班牙的史料记录了图帕克·印卡·尤潘基（Tupa Inca Yupanqui，阿塔瓦尔帕的祖父）在 15 世纪时从秘鲁用了两个月到达的有人居住的海岛。了解更详细的对上述证据的回顾分析以及其对早期西班牙人航海大发现的影响，请参阅 Thor Heyerdahl, *Sea Routes to Polynesia*（London：Allen and Unwin，1968，chap.4 and 5）。似乎很难想象一个印加帝国的统治者会亲自航行并离开帝国达一年之久，但他也有可能是授命其他人实行了这次远征。

［10］166 平方公里。

［11］Bahn and Flenley，*Easter Island*，p.214

［12］九米。

［13］二十米。

［14］James Cook，被引用于 Bahn 和 Flenley，*Easter Island*，p.170。

［15］同上，p.165。

［16］总体来说，战争期间这样的行为凤毛麟角，但是在考文垂和德累斯顿却没能幸免。

［17］罗赫芬（Roggeveen）就杀死了至少十几个人。后来，来自外国人的攻击变得更系统化。就像"绑架黑人卖作奴隶"（Blackbirding）一样，对波利尼西亚人的奴役，在整个太平洋地区变得普遍了。在 1805 年，美国舰船南希号（Nancy）杀害了许多岛民，然后把其余的岛民都掳掠用作了强迫劳动力。在 1822 年时，捕鲸船品多斯号（Pindos）掠夺了岛上的年轻女孩来"娱乐"其船员，在船们玩够了后，便把这些女孩粗暴地投入大海。最糟糕的事情发生在 1862 年，秘鲁的奴隶搜寻者们把岛上超过半数的人口都送到了"死亡之岛"，秘鲁海岸附近由英国资助建立的臭名昭著的海鸟粪采集场。在这里，这些劳动者被链子拴在一起，一直工作到死。最后，只有十五个人活着回到了复活节岛（还是因为大溪地主教发出了人道主

义的请求），他们还带回了天花。到 1872 年，当皮埃尔·洛蒂来到复活节岛时，他看到到处是坟墓，活着的还不到一百个人（Bahn and Flenley，*Easter*，p.179）。

[18]今天立在复活节岛上的石像都是后来恢复的。

[19]Bahn and Flenley，*Easter*，p.213，218。

[20]岛上甚至有一种形式的文字，名为朗格朗格（Rongorongo），但是许多专家认为这文字是和外界接触后的产物。

[21]苏美尔文明和埃及文明出现在约公元前 3000 年；印度河河谷文明出现在约公元前 2500 年；中国商朝开始于约公元前 1600 年；米诺斯文明和迈锡尼文明分别出现在约公元前 1700 年和公元前 1500 年。墨西哥的奥尔梅克文明和秘鲁的查文文化出现在约公元前 1200 年。有关秘鲁海岸的重要新发现显示，秘鲁的灌溉和城市建设（包括体积达到两百万立方米的金字塔）最早出现在公元前 2600 年的卡拉尔（Caral）。

[22]美索不达米亚、印度、埃及和希腊共享着富饶的新月平原。中国、墨西哥和秘鲁则拥有了自己的农作物，然后与其他文明相互学习并交换了新的作物。有关两个半球间文化传播的争论，如艺术、数学和文字等，一直是不同学派间的热门话题。我的个人观点是，早期中国文明与墨西哥和秘鲁文明一样，和其他文明相比，基本上是独立产生和发展的。

[23]包括亚述人、巴比伦人（Babylonians）、腓尼基人（Phoenicians）、犹太人、阿拉伯人和其他使用闪米特族语系的人。

[24]N.K.Sandars，trans.，*The Epic of Gilgamesh*（Harmondswrth，UK：Penguin，1972），p.65。用苏美尔语言讲述的这些故事已经很少了。大多数的故事都是以亚述人和巴比伦人改编后的形式流传下来。因此，Sandars 使用的是后来闪米特语的人名和神名。苏美尔的原故事里把女神伊丝塔称作伊南娜（Inanna）。而天堂里的主神，即其他神的父亲安努，在苏美尔语里被唤作安；太阳神沙玛什（Shamash）则被称作乌图（Utu）；智慧之神伊阿（Ea），苏美尔语的称谓是恩基（Enki）。

[25]分别是四公顷和十二公顷。

[26]马歇尔·萨林斯（Marshall Sahlins）把采集—狩猎行为称为"最初的富裕社会"，因为那时候的人们花在食物和住所上的时间很少［Sahlins，*Stone Age Economics*（London：Tavistock Publications，1972），chap.1］加泰土丘

人口的预期平均寿命数据（Scarre, *Past Worlds*, p.82）看起来不错，但那是按照古代标准来衡量的，实际上他们的寿命比大多数采集者—狩猎者群体要短。这些数据是从考古遗迹的家庭墓葬中推算出来的。

[27] 参见 Charles Redman, *Human Impact on Ancient Environments*（Tucson University of Arizona press, 1999), pp.106–109. 证据包括花粉、木炭、灰烬和沉积物等。Gary 和 Ilse Rollefson 在约旦的艾因加沙地带的研究为我们提供了当时环境恶化的关键证据。由于建房用的木材厚度减小，房子也只能建得小了，同时，猎物变得越来越少，种类也减少了。

[28] 到 1970 年代，黎巴嫩最大的雪松林只有约四百棵树了。W.B.Fisher, *The Middle East A Physical Social and Regional Geography*（London: Methuen, 1978), p.95。

[29] Gordon Childe, *New Light on the Most Ancient East*（London: Routledge and Kegan Paul, 1954), p.114。这本书最初名为 *The Most Ancient East*, 于 1928 年出版。

[30] 著名并依然存在争议的有关文明起源的"水利理论"，由 Julian Steward 在 1949 年提出。虽然这个理论并不适用于所有文明，但是对美索不达米亚、埃及和印度河河谷文明的出现来说还是很有研究价值的。

[31] 参见 Trigger, *Early Civilizations*, p.9, 援引了 Robert McCormick Adams 的著作 *Heartland of Cities: Survey of Ancient Settlement and Land Use on the Central Floodplain of the Euphrates*（Chicago: University of Chicago Press, 1981)。

[32] 这些建筑用泥砖建成，墙面有一层较防水的石灰粉，贴有瓷砖或者石头和烧砖；屋顶和天台上都铺有柏油，这是史上所知最早使用伊拉克原油的例子。从其高度和使用彩色瓷砖贴成的几何形状来看，通灵塔应该是后来清真寺尖塔的前身。

[33] Childe, *What Happened in History*, p.101。

[34] 在那些有丰富石头储量（如燧石和黑曜石）的地方，使用青铜不一定就比冶炼锻造方便和便宜。但是在那些所有原材料都要从外面输入进来的地方，青铜工具的优势就很明显，并且很少需要修理：坏掉的斧头和刀片可以重新铸造或制成其他东西；但相比较而言，坏掉的石头工具就成了垃圾。

[35] 神殿中的性行为和卖淫现象在许多文化里都有。苏美尔文明中的妓女（harlots）或许和古希腊的高级妓女很相似。这是美索不达米亚的习俗，毫无疑问也是后来《圣经》里把巴比伦评价为"大淫妇"的原因之一。

[36] 如参阅《圣经·次经》中的故事"彼勒与大龙"，故事中，但以理向巴比伦国王展示假祭司是如何欺骗国王的。

[37] 四百五十公顷。

[38] 吾珥占地仅仅一百五十英亩（六十公顷），是一个更典型的苏美尔城市的规模。乌鲁克城的人口可能约在五万左右，而吾珥和其他城市则有一到两万人左右。这些城市与当时世界上的中等城市以及中世纪欧洲的中型城市规模类似，但是比罗马或特诺奇提特兰（墨西哥城）要小得多。罗马当时有大约五十万人，而特诺奇提特兰则有二十五万人。见下面第四章注释 20。

[39] Sandars，*Gilgamesh*，p.61.

[40] M.E.L.Mallowan，在 *Early Mesopotamia and Iran*（London：Thames and Hudson，1965）一书里，引用了来自拉格什的文字记录证明了人类第一次"在教会和国家之间的分离"。（p.88）

[41] 此概念一直都在欧洲延续着，直到法国大革命时期才终结；而在日本，则一直延续到 1945 年。

[42] Ponting，*Green History*，p.58.

[43] J.M.Coetzee，*Waiting for the Barbarians*（London：Penguin，1982），p.79.

[44] 此坟墓来自早期王朝的时代，不应该和吾珥的第三王朝混淆。

[45] 在古代中国，一个商朝的坟墓里挖掘出一百六十五具陪葬的遗骸（参见 Scarre，*Past Worlds*，p.147，以及 Watson，*China*，p.69）。

[46] 卡霍基亚（Cahokia）最大的金字塔占地十六英亩（6.5 公顷），高度有一百英尺（三十米）。这在世界上无论任何时代都是最大的金字塔之一，也是 20 世纪以前美国最大的建筑物。该城市的中心位置占地三百英亩（一百二十公顷），而整个城市面积至少有一千二百英亩（四百九十公顷）。参见 Scarre，*Past Worlds*，p.230–231；Jack Weatherford，*Native Roots：How the Indians Enriched America*（New York：Crown，1991），pp.6–18；Joseph A.Tainter，*The Collapse of Complex Societies*（Cambridge：Cambridge University Press，1988），p.16；Carl Waldman，*Atlas of the North American Indian*（New

York: Facts on File, 1985), p.22; Melvin Fowler, "A Pre-Columbian Urban Center on the Mississippi" *Scientific American*, August 1975. 卡霍基亚的人口大概在两万到七万五千之间；根据其占据的广阔土地面积和山丘数量（约一百二十个）来看，我怀疑这座城市在 13 世纪巅峰时期的人口应该不到四万人。与其有关联的生活在南部的纳齐兹部族人（Natchez）一直延续着佣人陪葬的习俗，直到有历史记录的时代。

［47］引自 Nancy Jay, *Throughout Your Generations Forever: Sacrifice, Religion and Paternity*（Chicago: University of Chicago Press, 1992）。

［48］印加王朝几个国王的名字里都带有这个词，包括 Qhapaq 和 Wayna Qhapaq。但是在现代克丘亚语中，*qhapaq* 就只有富有的意思了。

［49］引自 Sahlins, *Stone Age Economics*, p.259。

［50］中国在过去的两千年间，几乎每年都会有至少一个省份发生饥荒（Ponting, *Green History*, p.103）。

［51］一百三十公里。

［52］巴士拉（Basra），与巴格达一样，在公元 7 世纪的时候由入侵的穆斯林人修建；2003 年，英国势力占领了巴士拉。

［53］三百二十公里。

［54］或者说若干次洪水暴发。考古学家已经在最早的苏美尔文明的土壤层里发现了若干次灾难性洪水泛滥的证据。

［55］乌纳皮施汀来自舒如帕克城（Shurrupak），即今天的法拉地区（Fara），是最早取得影响力的城邦之一（见 Sandars, *Gilgamesh*, p.40）。这显示出人类传说中的大洪水是发生在苏美尔文明早期，那时的城市很容易被水淹。乌纳皮施汀的名字意思是"遥远的"；在洪水过后，他化作水魂，游荡在波斯湾的边缘地带。

［56］这些摘录于 Sandars 的译文，pp.108–113。

［57］引自 Ponting, *Green History*, p.70。

［58］各种洪水的故事也许反映出了人类自己对自然施加压力的自我意识。恩利尔要毁灭人类的原因在于人类的喧闹和庞大的数量，在洪水过后，人类的繁殖力减弱了，寿命也缩短了。

［59］Tainter, *Complex Societies*, p.7。

［60］引自 Ponting, *Green History*。在这里，我使用了 Ponting 所做的优秀总结

（pp.68–73），还有 Redman 的总结（*Human Impact*，pp.133–139）。

[61]来自联合国粮食和农业组织（FAO）的数据统计，见 Goudie, *Natural Environment*，p.170. 伊拉克的数据中不包括那些不再被使用的土地。Fisher（*Middle East*，p.85）通过估算认为，现在伊拉克农业用地的 80% 都有"不同程度"的盐碱化，而每一年，都有 1% 的土地变得不可再用。埃及的土地也盐碱化了，但盐碱化的问题是最近才发生的，随着 1950 年代阿斯旺大坝的修建，尼罗河的水量减少，冲积也减少了，等于是把埃及的自然生态系统换做了一个人造系统，就像伊拉克一样。

第四章

金字塔结构

在尤卡坦州（Yucatán）和伯利兹（Belize）的森林里，游荡着一个玛雅人称之为爱斯塔贝（Xtabay）、可爱而又邪恶，并且诱惑人心的女妖。她通常会被那些在树林里停留太久的孤单猎人见到，她会用欲望使他们疯狂。他们从树叶间窥见她的容貌，禁不住会跟随她而去，无视夜幕的降临。他们一直跟随她，到了很近的时候他们甚至能够闻到爱斯塔贝的野性香味，感受到她长发间美味的颤动。当再次醒来时（如果能醒来的话，因为很多人从此就消失不见），他们浑身伤痕，血迹斑斑，裤子掉了下去，完全不知道自己身处何方。

性、食物、财富、权势和名誉：它们诱使我们往前，使我们进步。在这个单子上，我们还可以把进步也加上去，在这里，进步的现代意义包括在物质上变得越来越好。进步是一个随着工业革命而出现的理念，并且逐步成为核心的信仰。[1]我之前已描述过其发展轨迹的两个古代社会，即复活节岛和苏美尔的文明，也许没有过进步这样的概念，但是他们也一样被自己的欲望引诱并且最终被其摧毁。

问题是，作为一个整体来看，到底这些文明是否具有典型性？

文明是否天生就不善于适应，是一个注定要因其自身各种因素作用而失败的试验？地球上各地的文明遗址似乎给出了肯定的回答。但是，如今世界上现代文明的发展又似乎说明答案是否定的。我们现代的文明是不是一个例外，难道我们已经驯服了爱斯塔贝，并且会在未来和她一起幸福地生活下去？

在这一章节里，我将首先描述一下两个最著名的从内部坍塌的文明案例——罗马帝国在公元四世纪的衰落和公元九世纪时古典玛雅帝国的衰落——然后我会简要地讨论一下两个顽强而历史悠久的文明，埃及和中国。比起苏美尔文明，罗马和玛雅文明出现得更晚，规模更大，尤其是以罗马文明为例，其复杂程度远胜于苏美尔文明。与苏美尔文明相似，古典玛雅文明主要是由相互竞争的城邦组成。但是，玛雅文明的人口在最高时达到了五百万至七百万人之间，比苏美尔人口多了十倍。[2]而罗马帝国在最鼎盛的时候管辖着约五千万人，占了当时世界总人口的四分之一。

玛雅和罗马文明之间没有过联系和接触。他们在几乎相同的时期出现，却发生、发展于不同的社会试验室中：新世界和旧世界。这就使得他们的经验对于认识人类行为在不同的时间、地域和文化中的表现尤为有意义。我认为，这些经验和规律能够帮助我们回答高更的两个问题：我们是什么？我们要去向何方？

复活节岛和苏美尔文明把自己生活的自然环境破坏得如此透彻，衰败得如此惨痛，以至于最后他们基本上就消亡了。[3]但是罗马和玛雅文明在崩溃之后依然生存了下来，以简化了的"原始"

形式继续存在，他们的直系后裔成为了今天世界人口和文明的一部分。罗马文明的直接后裔是拜占庭帝国和那些今天使用拉丁语现代变种的欧洲国家。玛雅人不是帝国的建造者，他们在历史上本可实现的复兴被西班牙人在 16 世纪的时候打断了。但是，他们文化的消亡可能被后人夸大了。今天，世界上依然有八百万人使用玛雅语言，这个数字和他们古典时代的人口几乎一样。这些人中的很多依然在社会生活中运用带有鲜明玛雅特色的社会组织架构、信仰、艺术和历法及星象学。[4]

在我的反乌托邦小说《科学罗曼史》（*A Scientific Romance*）里，有一个人物把文明称作"金字塔结构"，若干年之后，我在一篇文章里用这个说法做了题目，而那篇文章就是本书的种子。[5]一个由石头或者砖砌成的金字塔，也可以是以其他形式出现的巨型建筑，如大型的石像、陵墓或者办公高楼等，都是人类社会架构和关系的一种外向和可视的社会金字塔的象征。人类的金字塔，则是由一个更不显见的自然金字塔来支撑，所谓自然金字塔，就是周遭生态环境里的食物链和所有其他的资源，也就是通常被称为"自然资本"的东西。

我想，罗马和玛雅文明的发展轨迹也告诉我们，人类文明经常会像"金字塔"那样行事，金字塔越大，其运作越兴盛。它会从不断扩大的边缘地带获取财富，然后集中到中心地带；而边缘地带，可能是一个帝国政治和贸易的前线，或者是通过对自然资源的集中性利用而对自然进行开发，通常是两种情形都有。

于是，这样的文明在其达到顶峰之时恰恰也是其最不稳定的时候，因为此时它对生态环境的要求也达到了峰值。除非有新的财富或者能源的来源出现，否则它将没有空间继续提升生产或者吸收自然环境变化带来的冲击和震荡。唯一的出路是继续向自然和人类挤压以获得更多资源。

一旦大自然开始发力——土壤侵蚀、作物减产、饥荒和疾病——社会契约也就随之分崩离析。人们可能会带着忍受的精神遭受一段时间的苦难，迟早，君王所宣传的他们与天堂和神界的关联会被暴露出来，被人们视作是虚幻的谎言。然后，寺庙会被洗劫一空，石像被扔到神坛下，野蛮人将被迎入城内，人们在宫殿的窗户上看到皇帝逃跑时裸露的屁股。

我应该在文明的真正崩溃和政治骚乱（如法国、俄国和墨西哥革命）之间做一个区分。尽管在这些骚乱中，土地的滥用和饥荒也是重要因素，但骚乱最主要的诱因是社会资本的枯竭，而非自然资本。一旦这些社会经历了重组，其文明不仅能够持续下去，而且能够向外扩张。但是一个真正意义上的崩溃会带来整个社会的灭绝或者接近灭绝，这个过程中会有大量的人死去或者四散奔逃。想要恢复，如果能恢复的话，也需要几个世纪的时间，因为这个过程需要再造自然资本，而树林、水以及地表土壤的恢复和重建是一个缓慢的过程。

让我们想象一下罗马帝国巅峰时期的世界，在公元 180 年初，当马尔库斯·奥列里乌斯死去，一个漫长的衰退开始了。在苏美尔文明倒下后的两千年里，地球上的文明已经如花儿一样开遍了世界各个角落。在公元2世纪一个普通的日子里，太阳会在中国汉朝升起，照过印度孔雀王朝的佛像，照射着印度河与幼发拉底河河谷里的砖砌废墟，再用上两个小时便照在罗马帝国的地中海湖上。到了正午，当太阳到达直布罗陀时，在墨西哥高原、危地马拉的丛林，还有已经灌溉过的秘鲁河谷里，祭拜者应该已经在金字塔的顶端迎接着黎明的到来。只有当太阳继续向西，晒过太平洋的时候，它的光芒才不会照射到任何城市或者石庙，但即使是这里，作物种植与建筑也已经开始了，一路从斐济蔓延到波利尼西亚人跨越大洋半球的第一块垫脚石——马克萨斯群岛。

在公元前4世纪时，雅典文明的影响已经开始消减，但在这之前，亚历山大大帝已经把希腊文化和殖民者从达达尼尔海峡传送到了印度北部。埃及，当时世上最保守的文明，已经经历了许多次的衰落和重建，依然在沿尼罗河平原的伪欧洲建筑风格之后保留了古埃及的特色。

爱德华·吉本（Edward Gibbon）在他的《罗马帝国衰亡史》（*Decline and Fall of Roman Empire*）一书中宣称，在公元2世纪时，"罗马帝国占有了地球上最富饶的土地，拥抱了人类最文明的部分。"[6] 非欧洲裔的人可能会对这样的说法提出异议，但是吉本在谈到罗马帝国的倒下时一定是对的："定会被牢记，至今依然影响着众多国家。"当西班牙人侵入新世界的时候，罗马帝国和玛雅文明的后裔最终还是相遇了。所有欧洲的帝国，还有美国，[7] 都试图在一个想象的古典理想基础上塑造自己的文化，尽管事实证明罗马几乎根本就不是留存下来的古建筑所展现出的那样秩序井然和社会清明。[8] 和每一个社会一样，罗马人也是从一个危机跟跄到另一个危机，摸着石头过河般地实施着统治。事实是，说英语的民主社会的形成和发展受到古典模式的影响，就和其受到盎格鲁－撒克逊模式的影响是一样的。

在上一章，我提到世界上最早的农业村落是在"肥沃的新月地带"，或者说中东地区的山地出现的，后来，在公元前第六个千年的时候，人类通过对土地的掠夺性开发，把自己赶出了伊甸园。数千年之后，这个悲伤的故事又在地中海的盆地里再次上演。这个悲剧的上演尤其集中在曾经有过茂密原始森林的高山地带，而今天，我们已经不可能再寻找到当时生态系统的任何痕迹了。又一次，在希腊、意大利南部和西班牙发生的灾难的罪魁祸首是火灾、山羊，还有树木的砍伐。一群山羊不仅仅是肉和奶的来源，也是蹄子上的资本，被人们在光景好的时候囤积蓄养，而后在需要的时候要么卖掉，要么吃掉。由于基本上能够在任何环境里茁壮成长，山羊经常会创造出一个除自己外其他动植物都很难生存的环境。

林地经得住一定规模的林火和砍伐，但是如果有太多的牲畜放牧于此，那么树木的小苗会被牲畜吃掉，同时，老林木会因为太老而死去。如果是野生的那些食草动物，自然界的天敌会减少和限制它们的数量，其中包括人类。但是放牧的人总是会保证自己放养大量的牲畜，因此放牧变得毫无节制。[9]在人口众多而农村贫困突出的时候，放牧行为通常也伴随农民对山坡的开垦，锄头和犁对山坡留下的任何土壤给予最后一击，这是今天所谓的"第三世界"中常见的一幕生活场景。[10]

在公元前 6 世纪初，雅典人就已经对乱砍滥伐森林有了警觉。那时候，希腊城市的人口增长迅猛，大部分的树木都已经被砍伐，那些贫困的农民在被山羊撕掉一层土壤的山坡上开垦种植，带来了灾难性的后果。苏美尔人起初对自己的灌溉方法给自然造成的破坏并不知情，知道时已经太晚，而希腊人对所发生的一切都心知肚明，并且曾尝试去做出一些改变。公元前 590 年，当时的希腊政治家梭伦（Solon）意识到了社会上很多麻烦背后的根本问题是贵族阶层造成的农村贫困以及土地的异化，因此他立法废除了负债农奴制度和粮食的出口；他还尝试禁止在陡峭的山坡上进行农业开垦。一代人之后，庇西特拉图（Pisistratus），另一位雅典的统治者，为地方种植橄榄树提供了政府补贴，这个措施本来有可能成为恢复土地和林地的有效措施，特别是如果搭配上梯田的开垦。[11]可惜的是，和我们今天的情形很类似，这样的提议因为资金和政治意愿的不均衡而未能实施。大约又过了两百年，在柏拉图未完成的著作《克里提亚斯》（Critias）中，对当时环境的破坏进行了生动的描述，字里行间透露出他对水资源与林地之间关系的精深知识：

现在剩下来的和过去曾经存在过的事物之间的比较就像一个病人的骨架，那些脂肪和柔软的皮肤都已经日益消瘦……山上现在除了给蜜蜂的食物以外，什么都没有了……就在不久前，山上还是有树的。（土地）过去因为每年的雨水而丰饶，因为水并没有像现在这样从光秃秃的土地上流进大海；过去的土壤很厚实，能够蓄住水分，并且保存在厚实的土壤中……滋润着那些到处流淌的泉水和溪流。现在，我们在泉水曾经奔涌的地方只能看到被废弃的神龛了。[12]

并不令人意外的是，也是在同一时间，希腊的权势和成就开始消减。考古学的证据显示，在地中海的其他地方也是类似的图景。意大利南部和西西里在公元前 300 年之前都是被森林覆盖良好的地方，那之后，随着罗马和其他各城市的快速发展，人们对木头、木炭和肉食的需求大增。又一次，罪魁是牲畜和土地的所有方式。在几个主要的分水岭地区，大量的泥土被从山上冲刷而下，沉积在入海口，形成了散发着毒气的沼泽，淤泥把奥斯提亚（Ostia）和帕埃斯图姆（Paestum）港口都堵住了。在这之后，罗马帝国又继续存在了几个世纪，说明早期的环境恶化还未足以摧毁它的经济，但是已经可以让人感受到农业产出的下降、对进口谷物的依赖增加，以及意大利中心地带农业的衰退。"很久以前，"诗人奥维德（Ovid）在基督时代之前不久这样写道：

> 土地……曾经有更好的东西给我们——不用开垦种植就有的作物，
>
> 树枝上有水果，枯干的橡树干里有蜂蜜
>
> 没有人用犁撕裂土地
>
> 或把土地分封出去
>
> 或以船桨横扫大海——
>
> 那时，海岸线就是世界的尽头。
>
> 聪明的人性，沦为自己发明的受害者
>
> 具有灾难性的创造力，
>
> 为什么用带有瞭望塔的城墙把城市围起?
>
> 为何要为了战争而武装? [13]

在尤里乌斯·恺撒大帝执政以前，罗马的对外征战几乎都是以私人名义进行的。罗马的居民们参与战争，然后带回酒、奴隶，还有当地收取佣金的代理人收来的进贡，这些代理人通常的伎俩是扭曲物价和发放高利贷。西塞罗（Cicero）宣称布鲁图斯（Brutus）以48%的利率放贷给一个塞浦路斯的城镇，说明这是一个在当时很普遍的做法，也算是后来给第三世界放债的先驱了。[14]

无论是家境良好的精英子弟，或者一夜暴富的百万富翁，罗马有钱的士兵们都想要在自己的家里享受并展示自己的战利品。结果就是，在罗马首都范围内到处都是旺盛的土地买卖。农民们的财产被卖掉，无家可归，被驱逐到不适合他们的土地上，这带

115

来了梭伦在雅典认识到的那些类型的环境恶果。家庭农场不再能够与那些使用了奴隶的大型农庄竞争；他们逐步破产，或者被迫把自己的农场卖出，而后，他们家里的年轻人也都加入了罗马军团。那些古罗马从事农业的平民们则被更非法的方式边缘化了。就像在苏美尔，原本属于集体的土地很快被变成了私有，针对这种情况，格拉古兄弟（Gracchus）在公元前 2 世纪后期曾试图通过土地改革进行应对。但是改革失败了，平民失去了一切，罗马帝国政府只好通过给底层民众发放免费小麦的方法来救济他们，由于城市的无产阶级数量增多，这个措施变得非常昂贵。到了克劳狄一世的时代，罗马有二十万个家庭都在救济名单上。[15]

罗马历史上一个具有讽刺和揭示意义的事实是，在帝国不断扩大的过程中，罗马城邦的原生民主制度慢慢凋谢了。实权从议会那里转移到了军团指挥官手中，比如尤里乌斯·恺撒就控制了整个军队和所有的省。我必须得说，作为得到权力的回馈，恺撒也给罗马带来了一些很有智慧的改革，这也就设下了先例，后来的那些对法律毫不遵守的独裁者经常会效仿。"必需，"弥尔顿这样写道，总是"暴君的借口。"[16]

古代的文明大致可以分为两个类型：城邦制，或者中央集权帝国制。两种制度都在新世界和旧世界里独立发展起来。[17]随着帝国制度发展盖过了共和制度，罗马就从城邦制变成了中央集权帝国制。（在其他历史时期和地域，也有过类似的一个演化，但是这样的变化并不是必然的。若干现代国家，包括加拿大和美国，就在其政治制度上同时体现着两种类型制度的特点。）

在尤里乌斯·恺撒被谋杀后的若干年里，几轮内战之后，议会同恺撒的侄孙屋大维（Otavian）——后来改名为奥古斯都，并且掌握了第一公民（Princeps）的"新办公室"——达成了协议。这些安排本来只是作为一个临时性的考虑，仅适用于他在世的时间。从理论上来说，他依然是首席行政长官，共和制度依然有效。但从现实的角度来看，一个近似于准君主制的时代已经开始。[18]帝国的发展已经超越了作为基础的城邦制。

奥古斯都和他的诸多后继者们被证明是能干而且开明的统治者。他们中的大多数都明白，就像他也明白，当下是对帝国进行加强和融合的最好时机。过去那个要去重新征服亚历山大大帝疆土的梦想被悄悄放弃了。[19]帝国东部的疆界被固定在幼发拉底河、莱茵河以及多瑙河沿线。另外的疆界则是天然的：撒哈拉沙漠、阿拉伯沙漠，还有大西洋沿岸。

奥古斯都的统治方式延续了差不多两个世纪，期间伴随着诸多的苦难；西罗马帝国又用了两个世纪的时间才消亡。尽管其在边缘地带的统治力量已经开始衰退，但罗马城依然在发展壮大；就像在现代国家，省份的动荡局势驱使人们聚集到国家的中心城市。罗马城的人口大概在公元4世纪初，也就是君士坦丁大帝把罗马帝国分成两个的时候，达到了最高值。无论罗马城是有一百万人（有人这么认为）或者是五十万人，它都是当时地球上人口最多的城市，超过了中国和墨西哥同一时期的城市——它们的大城市通常也都有数十万人。[20]

人口超过百万的城市是晚近才出现的，其发展仰赖于机械化的交通方式。在亨利八世的时候，西欧最大的城镇包括了巴黎、伦敦和塞维利亚，每一个城镇的人口都在五万左右，和吉尔伽美什时期的乌鲁克城人口一样。当维多利亚女王去世时，世界上只有十六个城市的人口上了百万；现在，起码有四百个这样的百万人口级城市。[21]所有前工业化时代城市的发展都受限于交通，把足够的物资和垃圾及时运进和运出城，这个问题在马车时代很难得到解决。最佳的解决办法是通过运河构建水路运输网络，如威尼斯和阿兹特克的墨西哥城那样。[22]

令人感到不愉快的事实是，在 19 世纪以前，大多数的城市都是死亡陷阱，到处是疾病、害虫和寄生虫。古罗马的人口平均寿命只有十八或十九岁——比新石器时代的加泰土丘人的平均寿命都要短不少[23]，但又比英国黑郡（Black country）人的平均寿命稍高。英国黑郡在狄更斯的小说里被描述得如此形象，那时候的人口平均寿命是十七或十八岁。[24]要是没有持续的人口流入，包括战士、奴隶、商人，以及带着希望而来的移民，罗马和乔治王治下的伦敦根本不能保持人口的增长。罗马遭受过几次严重的流行病侵袭，其源头有可能来自亚洲。尽管这些因素一方面带来了人力和财力的问题，但也可能通过这种方式减轻人口对土地的压力，从而推迟了罗马帝国的灭亡。

对于罗马帝国衰落的解释涉及到方方面面，瘟疫、铅中毒、疯掉的皇帝、腐败、野蛮的外族、基督教，而约瑟夫·泰恩特（Joseph Tainter）在他有关社会灭亡的书里，又加上一个原因：帕金森定理。他认为，复杂的社会体系不可避免地会见证递减的收益。即使其他的条件保持不变，运转和防卫一个帝国的成本也会越来越高，最终使得帝国不堪重负；而最有效的办法是抛弃整个帝国的上层建筑，回到过去那种本地组织的形式。到了君士坦丁时代，罗马帝国的军队人数已经达到了五十万，这对于主要依靠农业获得收入的财政来说，尤其是在许多大地主已经获得了税收豁免的情况下，是一个巨大的负担。

政府的对策是让用于支付薪酬的货币贬值；最后，古罗马便士硬币里所含的银变得非常稀少，几乎就成了纸币。魏玛的通货膨胀随之发生。在帝国鼎盛时期卖价为半个便士的埃及小麦，在公元 338 年的时候价格已经涨到了一万便士。在公元 4 世纪初时，四千个银币能够换得一个苏勒德斯金币，但到了 4 世纪末时，要一亿八千万个银币才能够换到一个苏勒德斯金币。[25] 那些被通货膨胀和不公平税收折磨的公民们开始叛离，并投靠了哥特人。[26]

罗马是一个有文字记录的社会，所以我们能够了解这样的不幸，它影响到了人类金字塔的顶端。但是在人类政治的疾患之下，还见证着一个持续稳定的对自然金字塔的破坏，这个自然金字塔，可是在支撑着整个地球和人类。意大利和西班牙的考古研究发现，在帝国时代出现的严重土壤侵蚀与高度发达的农业活动之间有正向关联，紧接着发生的是人口的剧减和逃离，这样的情况一直延续到了中世纪后期。[27]

随着罗马帝国耗尽并破坏了南欧的土壤，罗马也开始把自己对自然环境的压力转移到了其殖民地，它们开始依赖来自北非和中东的粮食作物。这样做的后果我们今天依然可以在那些地区看到。安提阿，罗马帝国治下叙利亚的首都，现在被那些从砍伐林木后水土流失的山坡上冲下来的约三十英尺[28]厚的淤泥掩埋着，而利比亚著名的大莱普提斯遗迹现在则矗立在一片沙漠之中。[29]古罗马的粮仓现在装满了沙土。

当然，并非所有地方都是这样。罗马控制了许多拥有不同环境的地区，但并不是所有的地方都被带有破坏性地开发了。欧洲阿尔卑斯山以北因为气候湿润、土层厚重，并不适合当时用粗糙的犁进行开垦，从而少人居住。罗马治下的伦敦占地仅有 0.5 平方英里，[30]而那时候的"罗马浴场"巴斯，其城墙曾经让早期的一位英国诗人印象深刻，被描绘成"一件具有王者之气的事物……巨人的杰作"，[31]可占地也仅仅只有二十四英亩。[32]

中世纪的历史确认了考古学发现的证据：罗马帝国的倒塌，摔得最重的是其中心地带，即地中海盆地，这里承受了环境恶化带来的正面冲击。罗马的权势随而转到了其统治的边缘地带，那是罗马帝国还没有涉足太多的北部领土地域，在那里，日耳曼人中的侵略者，如哥特人、法兰克人和英格兰人建立起了小型的民族国家。

罗马城被洗劫一空，一半的地方都被荒废了，整个城市成为了无休止的蛮族和宗教战争的战利品。等到罗马的人口第二次达到五十万，已经是 20 世纪的事了。

如我所提到的，当罗马帝国正在征服人类四分之一人口的同时，生活在南美洲的人类另四分之一的人口，正在运作与罗马相似的社会试验。[33] 在公元前一千年内，一个名为查文的文明把自己华丽的装饰艺术风格在秘鲁大地上传播开来。[34] 在基督时代开始后不久，蒂亚瓦纳科的石庙在的的喀喀湖边树立了起来，那里海拔约一万三千英尺，[35] 是世界上海拔最高的城市之一。[36]

罗马帝国巅峰时期，美洲最大的城市是墨西哥中部的特奥蒂瓦坎，这也是当时世界上为数不多能够与罗马城的规模相提并论的几个城市之一。这座城市占地八平方英里，[37] 在网格城市中轴线上的一条举行仪式的大街两侧，排列着有台阶的金字塔，它在城市布局上比罗马城还更加宏大，但是人口要少一些。[38]

美索亚美利加文明随着墨西哥湾的奥尔梅克人出现在公元前 1200 年。它们的建筑、雕塑、还有数学启发了特奥蒂瓦坎和玛雅人，后者曾经在危地马拉、尤卡坦和洪都拉斯生活了四千年。[39] 考古学家界定的玛雅古典时期始于公元 200 年，当时出现了国王和皇家的铭文，事实上，玛雅文明的建立远早于此。来自公元前 400 年的雕刻文字被发现，显示出最大的玛雅寺庙是在公元前 2 世纪的时候在卡拉克穆尔（Calakmul）和艾尔米拉多（El Mirador）所建造。[40] 其中一个建筑的地基占地约 22 英亩[41]，基本上是罗马时代巴斯的面积。[42]

有关玛雅文化的一个常见画面出现在 1977 年的电影《星球大战》结尾，在一片翡翠色的森林与天穹之间，寺庙如同破败的高楼般矗立在背景中。这个场景是在蒂卡尔古城遗迹拍摄的，它是古典时代玛雅文明最重要的城市，现在是野生动物的天堂，生活着上百种鸟类以及一些珍稀动物，如豹猫和美洲虎。一千二百年前，当这些寺庙来到了它们的最后日子，附近应该很少可以看到有森林了。正如苏美尔国王站在金字塔神殿顶端看到的一般，蒂卡尔王抬眼望出去的也是一幅幅人造的景致：人口密集的城市中心，五六个约两百英尺[43]高的细长寺庙散布其间，然后是皇宫和城郊，再远处是田地和农场，一直延伸到远方的天际，依然遥遥可见邻近矗立着的城市。

就像其他城邦国家一样，玛雅文明内部充满竞争，在艺术上和智慧方面都很繁荣。前古典时期的玛雅人（和奥尔梅克人一起）是世界上首先发现了完整的数字系统的人（包括零的概念）。这个数字系统在今天已经是人类常识的一部分，但在人类历史上却只被发现过两次。直到阿拉伯数字体系（于公元 600 年从印度发展而来）在中世纪后期被引入，替代了笨拙的罗马数字体系，希腊人和整个欧洲都没有发现它的存在。[44]美索亚美利加也是世界上仅有的三个或者四个发明了文字的地方之一：玛雅人发明了文字和注音系统，还有象形文字。[45]其他几个发明文字的文明包括苏美尔、中国，可能还有埃及；世界上其他的文字要么是从这些文字直接演变而来，要么是因为知道邻邦存在文字而受激发创造出来的。[46]

玛雅人把先进的数学计算能力运用在长计历法（Long Count）上，为神秘的时间做出刻度，用以记录天象，并计算遥远的过去与未来，有时候跨度达几百万年。[47]历法就是力量，以自己的名字命名了七月的尤里乌斯·恺撒对此是非常清楚的。今天，虽然只有三本玛雅书籍留存了下来，但它们足够准确地解释了欧洲文艺复兴以前大多数的天象。而到了文艺复兴时期，恺撒制定的日历已经与太阳的运行轨迹间有了十天的差距。

玛雅国王和他臣民间的社会契约是这样运作的：国王通过专有的知识和仪式，确保人间与天堂和谐相处，保证风调雨顺、五谷丰收、人丁兴旺。国王们做得非常成功，到公元8世纪，也就是后古典时期的巅峰时，玛雅的农业人口已经和前工业化时代的东南亚农业人口数量相当。[48]单是蒂卡尔王国就可能有五十万人口，当然这具体要看我们如何界定它的疆界。[49]其他十多个重要的城邦，加上其他大概有五十多个小一些的城邦，它们间似乎轮流根据局势而组成不同的联盟，就像现代国家间那样。

大部分玛雅人都生活在农场。即使住得离城市较远，但在优质的土地上[50]基本上每一平方英亩[51]就居住着五百人。过去曾有很多人认为这很神：在如此脆弱的热带雨林生态环境里，以刀耕火种的方式如何能够支撑如此高的人口密度？现在我们知道了，玛雅人那时候采取的是在湿地中使用一种名为抬高田地的精耕细作法，他们在田间挖出沟渠和下水管道网络，在雨季的时候把水排干，在干季的时候通过沟渠灌溉。在这些沟渠中还养了鱼，沟渠中积累的淤泥和堆肥以及下水道的污水一起被用作肥料。正如维多利亚时期在印度的英国人含蓄评论的那样，玛雅人的田地是"自我施肥"的。[52]

玛雅的城镇，像大多数小型的社会一样，在最初的时候是集体主义。但是，一个与金字塔相似的社会金字塔结构逐渐被树立了起来。当然，大自然必须承担起实虚两个金字塔的重担。针对古代花粉的研究证实，当城市发展扩大时，原始森林倒在了石斧之下。玉米地开始蔓延开来，树木数量锐减，这也带来了猎物的减少，而猎物却是玛雅人除了鱼、火鸡，以及间或的无毛狗之外，主要的蛋白质来源。到了古典时期的中段，只有那些规模大一些的城市里的上层人士才能够大量食肉。

每一座城市都有独特的风格。科潘（Copan）创造出了精致的雕塑，那些国王的雕像（阿道斯·赫胥黎把它与中国的象牙雕相提并论）散发出权威和精细的味道。[53]帕伦克（Palenque）的宫殿轻盈而富有想象力，由巴斯浮雕板和精细打造的灰泥装饰点缀着。蒂卡尔变成了一个巨大的垂直之地，其中心地带的建筑是美洲最高的，直到19世纪后期才被曼哈顿一个充满艺术装饰的尖塔超越。[这种比较并不奇怪：玛雅建筑风格影响了现代建筑风格，特别是早期摩天大楼的形状以及弗兰克·劳埃德·赖特（Frank Lloyd Wright）的作品。[54]]

现在，玛雅铭文已经能够被解读了，这些文字推翻了过去我们认为古典时期的生活高尚而宁静的印象。文字既用来记录人类时间里巨大的探索发现，同时，公共的文字也用于皇家的宣传，高调宣告皇家的出生、登基、死亡、胜利和政变。在公元 8 世纪初，随着麻烦开始出现，这些文字记录也变得更加刺目，暴露出在一个日益缩小的世界中为了权力和资源发生的争夺和斗争。军事主义开始占据上风，旧的联盟分崩离析，朝代变得不再稳定，统治阶级通过一些奢华的建筑项目来强化其统治。蒂卡尔的建立经历了一千五百年的时间，但是所有的那些到今天还在眺望着丛林的高楼，都是在这座城市生命的最后一百年里建造出来的，算是毁灭前夜的繁华。[55]

当这些伟大的城市开始摇摇欲坠，后起之秀开始崭露头角，伯罗奔尼撒战争时期的希腊面临的也是这种局面。玛雅的朵思皮拉斯城（Dos Pilas）在公元 8 世纪中叶时曾经有过一次不成功的篡权尝试，对古城的考古发现为我们提供了一个了解其最后的日子的机会——人们聚集在中央广场，从寺庙建筑上取下砖块，扔向街头的路障。同样让人感到悲伤的是小城波南帕克（Bonampak）的壁画，该城在公元 790 年专门请人来绘制了一组记录胜利的壁画。[56]壁画上的战斗场面由一个绘画大师绘制，是古代艺术作品里最生动、技法最娴熟的作品之一。战斗结束后，可以看到战俘流着献血躺在寺庙的石阶上，而旁边的场景是一个有伴奏音乐的盛大游行活动，皇家的女性们向王国献上一个皇室继承人。新鲜，并且短暂。这些壁画没有能够画完；史书作者没来得及写下光辉的故事；壁画下方的题字部分依然是空白，这个留白比任何文字都更能说明事实。

公元 810 年，蒂卡尔记录下了自己最后的日期。[57]城市一个接一个变得安静，不再树立新的碑刻，直到 909 年 1 月 18 日（在玛雅历法上是 10.4.0.0.0）；在托尼那（Tonina），最后一个日期被刻下，玛雅长期以来长计历法的伟大机制从此停止了运转。[58]

问题出在哪里？就像罗马的灭亡一样，所有可以怀疑的对象——战争、旱灾、疾病、土壤的侵蚀和退化、外族的入侵、贸易的中断、农民起义——都有可能是罪魁祸首。上述的这些因素因为来得太迅猛，不可能用来解释长达一个世纪的逐渐衰落。但上面的许多因素很可能源于生态的恶化。再一次，有关沉积物的研究显示出土壤普遍出现了侵蚀和退化。在玛雅文化里没有山羊，后人也就不能责怪山羊，但是每一年发生的土壤损失叠加起来就导致了整个崩溃。石斧砍树的速度没有铁斧快，锄头的力度也没有犁大，但是足够的锄头最后也是可以带来像犁一样的效果的。

热带雨林的繁殖力主要来自树木。现代人对亚马逊地区的清理和滥伐告诉我们，热带地区的沃土可以在几年之内就被破坏殆尽。玛雅人比这些用电锯开垦丛林的现代人更了解他们的土地，在对土地的保护方面也做得更好，但是，最终，对木头的需要远远超过了供给。大卫·韦伯斯特（David Webster）曾经参与过若干玛雅主要遗址的考古挖掘工作，并且写了一本关于玛雅文明衰落的书，他对玛雅城邦最伟大的城市如此评说，"对于蒂卡尔王国的垮掉，我们认为最有说服力的解释是人口的过度增长和农业的歉收，以及伴随这些问题而来的政治影响。"[59]

他的结论对于绝大多数处于中央低地的城邦是适用的。极富装饰特点的玛雅城市科潘，位于洪都拉斯一个被陡峭的群山包围的山谷，落入了一个很普遍的陷阱中，这个陷阱每天都会夺去世界上数百万亩的土地。科潘从一个坐落在河边盆地上的小村落开始发展起来，这样的选址在最初是既合理又无害的。但是随着城市的扩容，越来越多良田和土地都被变作了铺装的路面。农民们都被驱赶到了那些因为固土的树木被砍伐掉而致使土壤松滑脆弱的山坡地带。随着城市进一步衰亡，大量的泥土被雨水冲刷下来，掩埋了整栋整栋的房屋和街道。[60]

古典时期发掘出来的人类骸骨显示出富人和穷人间的区别——有钱人长得越来越高大，而农民的成长则出现了迟缓。到了最后，所有人似乎都在健康和平均预期寿命方面经历了普遍的下挫。如果我们能够对玛雅木乃伊进行尸检的话，我们可能也会发现他们深受寄生虫和营养不良的侵扰，就像古埃及人一样。韦伯斯特相信在科潘最鼎盛的时候，也就是国王亚克斯帕萨结（King Yax Pasaj）当政时，"人的预期寿命很短，死亡率很高，经常生病，营养不良，看起来病弱不堪。"[61]

从房子的遗迹来看，在一个半世纪之内，科潘的人口从五千人攀升到两万八千人，人口峰值出现在公元800年。科潘的人口在高峰上持续了大约一个世纪，然后在五十年之内减少了一半，在公元 1200 年的时候几乎消亡殆尽。我们不可能把这样的人口大幅变化归结于大规模的人口迁徙，因为在整个玛雅地区都存在类似的人口变化规律。对于这个人口变化曲线，韦伯斯特如此观察道，"这人口曲线图与……动物数量……的'起与伏'极为相似。" [62] 他其实可以把人口数量的变化和更贴近我们生活的现象做个比较：科潘人口在一个半世纪内翻了五倍的现象，正好和现代人类从 1850 年的十亿人口增长到 2000 年六十亿的增长速率相当。

有学者把玛雅的衰落归结于一次发生于公元 9 世纪早期的严重旱灾，相当于那时候的沙尘暴。可是，几个地区的衰落在那之前就已经开始了。 [63] 在公元 8 世纪左右时，玛雅核心地区的大城市处于鼎盛时期，而此时其实已经是在超负荷运转了。它们已经兑现了所有的自然资本。森林被砍伐掉，田地已经不堪重负，人口已经太多。当时蓬勃发展的房屋建设也使事情变得更糟：占用了更多土地，使用了更多树木。它们的状态已经不再稳定，对于自然环境里的任何恶化都显得难以招架。一次旱灾——即使其严重程度并不比过去玛雅人已经经历过的旱灾要严重——也可能成为压倒骆驼的最后稻草，而不是原因。 [64]

随着危机进一步加剧，来自统治者的反应不是去寻求新的道路，不是去削减皇家以及军费的开支，也不是去通过开垦梯田改善土地品质，更不是去鼓励人口的调控（当时的玛雅人应该已经掌握了相关的技术）。都不是。统治者们自掘坟墓，继续着过去的生活方式，并且还变本加厉了。他们的对策是修建更高的金字塔，让国王握有更多的权力，让民众的劳动量更大，发起更多对外战争。用现代的说法，玛雅的精英阶层变成了极端分子，或者是超级保守主义者，从自然和人类身上挤出了最后几滴利润。

在我们前面提到和分析过的四个例子中，有两个（复活节岛和苏美尔）都没能从灾难中恢复过来，因为他们的生态环境已经不再能够自我修复和再造。其他两个例子，罗马和玛雅文明在它们各自的核心地域上整体崩溃了，这些地方也是生态环境承受压力最巨大之处，但是还有其他地域的社会存留了下来，一直延续到现代社会。之后的一千年里，人口处于低位，两个文明的土地能够渐渐恢复，这得益于火山灰的沉积以及流行病的传播。[65]意大利没有变成复活节岛，而危地马拉也没成为苏美尔。[66]

这里还有一个谜：如果说文明经常会把自己给毁了，那为什么总的人类文明试验还是进行得很好呢？如果罗马当年连自己的人口都不能养活，那怎么解释过去罗马每养活一个人，就等于现在世界上要养活三十个人的这个事实呢？

大自然的自我修复和再造加上人类的迁徙构成了答案的一部分。古代的文明是小型的当地文化，主要依赖当地的特有生态环境。当一个文明倒下，另一个文明会在其他地方站起来。那时，地球的大片土地都还几乎没有人定居。如果我们拍一段从太空回望地球的小短片，会看到地球上的文明就像丛林的野火般从一个地区到另一个地区，燃烧而后熄灭。有一些火光是孤立而自发的；也有一些火种在若干世纪里被从一个地方带到另一个地方，遇到文化的风就点燃起来。有一些火种会在经历长时间的搁置之后，在一个条件合适的地方第二次燃烧起来，就像老煤炭的复燃。

第二个答案是，尽管大多数文明都已经超过了自然的极限，并且都在一千年左右的时间里倒下了，但并不是所有的文明都是如此。埃及和中国的文明之火就能够一直燃烧几千年的时间，而它们的自然燃料也没有用尽。是什么使得它们走上了不同的道路呢？

埃及，正如希罗多德所写，是"尼罗河带来的礼物"。每一年，被尼罗河洪水泛滥带来的一层淤泥浇灌了埃及的土地并使得土壤得到更新，变得更肥沃。河岸边的沙漠山提醒我们，从一开始，耕种就是需要限度的；在一个没有茂密丛林或者没有树木的山坡，并且土壤流失的土地上，很难会出现人口的剧增。[67]尼罗河以及尼罗河三角洲当时给人们提供的农作物土地面积仅仅有一万五千平方英里[68]，这面积相当于荷兰的土地面积，而形状则如同一朵莲花，其头部刚好靠在海边。古埃及的农作方法很简单，与其文化一样保守，并且是顺应自然的水利规律，而不是反其道而行。[69]尼罗河河谷的狭窄和下水系统减缓了河道里盐分的堆积，没有像苏美尔那样因盐而毒坏了土地；古埃及人不像玛雅人和我们现代人，总的来说他们更懂得不要在农田上建造房屋的道理。[70]

古埃及的人口增长出奇得缓慢。在整个法老时期、罗马时期和阿拉伯时期里，埃及的人口一直低于世界人口平均值。在差不多三千年的时间里，从古埃及王国到克利奥帕特拉时代，人口从两百万增长到了六百万，从那之后一直到19世纪就几乎没有增长。现代灌溉系统出现后，埃及的人口才恢复增长。[71]这个事实告诉我们，六百万人口，或者每平方英里四百人的密度[72]，是当时尼罗河农田能够承载的最高限，在尼罗河不稳定的情况下，这个限度会由饥荒来维持，其他时候，河水携带的传染病则是维持这个最高限的主要力量。[73]大自然迫使古埃及在其量入为出的限度之内存活着。但是古埃及获得资本的方式在当时就如同那些出门在外，要靠家里汇钱过活的人一样，是依靠着每一年尼罗河上游埃塞俄比亚高地其他农人的劳动被河水带到下游来。

古代中国也同样获得了比其他地方更肥沃的表土量，而且是一次性获得的，而非常年积累所得。远在农业出现以前，吹过欧亚大陆板块的干燥风就把地球上因为冰川消退而裸露出来的表土吹起，并且落在了中国的土地上，形成的是黄土，后来也成为了黄河得名之源头。这些黄土或者蓄积在被冰川消退和地壳运动雕刻出的肥沃高原地区的险峻峡谷里，或者被散开铺在地势较低的冲积平原上。这片土地几乎没有用完的一天，每一次表土被侵蚀，只是把又一层的好土裸露到表层而已。[74]

古中国文明在古埃及文明出现后一千多年才出现，但是很快就在规模上超过了古埃及，并且迅速扩散到了更多的气候环境里。在汉朝最鼎盛的时期，中国治下有五千万人口，疆土从蒙古一直到越南，这个人口数字和其同时期的帝国，同时也是其遥远贸易伙伴——罗马帝国的人口数字持平。[75]

汉朝在公元三世纪的衰落更多是因为政治原因，而不是生态原因。随着印度思想的引入，以及水稻在华南的广泛种植（人类历史上所发明的生产力最高的农业体系之一），古代中国很快又重新崛起。

即使这样，如果再仔细对古埃及和古代中国的情况进行研究，我们会发现当时的两个文明并不像看上去那么稳定繁荣。举例来说，大约在公元前2000年的时候，埃及的古老王国因为下尼罗河的一系列洪水泛滥带来的饥荒和暴乱而被颠覆了。在古代中国，饥饿的农民也揭竿而起，向压迫他们的精英阶层发起了暴动。在一个具有社会讽刺意义的场景中，农民暴动者挖开了一个皇帝的陵墓，从陪葬皇帝的兵马俑手中夺下了兵器，并且用这些兵器推翻了秦王朝。

尽管有过这样的挫败以及不断出现的饥荒和流行性疾病，古埃及和古代中国肥沃慷慨的生态体系还是保证了文化在失去其前行生命力的时候能够重新兴起。[76]

"一种文化，"奥登（W.H.Auden）如此写道，"并不比树林要好。"各种人类文明都创造出了许多技术来提高土地的粮食产出，有一些技术是可持续的，也有一些是不可持续的。对于过去，我们所能够学到的教训是：土地和水的健康，还有可以积蓄水的树林的健康，是任何人类文明生存和成功发展的唯一可持续基础。

最后，在衰落的玛雅帝国城邦间缓冲地带上零碎的树林间，又生发出了玛雅的茂盛森林。在玛雅衰落后，很多玛雅家庭会在蒂卡尔王国空旷的王宫里居住，那时候，一个玛雅家庭会见证荆棘和树苗慢慢在老田地上生长起来，灌木丛慢慢铺满曾经的街道，并听到重新回到丛林的野生动物警惕的叫声。面对着缓慢恢复的自然繁殖力和最终带来回报的可能，这些玛雅家庭也可能会认同卡夫卡的观点："会有希望；但是我们看不到了。"

注释:

［1］见本书第一章和 Pollard 的 *Idea of Progress.*

［2］Adams 通过估算认为，苏美尔人口有五十万，而 Trigger（*Early Civilizations*，p.30）也认同这个数字。这一估算应该是比较保守的，但考虑到这些城市的已知规模，以及当时大多数居民居住在城市里的事实，人口总数最多不会超过这一数字的一倍。对公元 8 世纪玛雅城人口的估算差异就很大了，不过基本上也估算出在低地生活有五百万人左右，危地马拉和恰帕斯州（Chiapas）高地的人口大约一百万至两百万。Webster 的估算通常都比较少，他援引的地理研究数据显示出玛雅的中心地带——只占整个玛雅地域的十分之一——大约九千平方英里（两万三千平方公里）的土地上生活着约三百万人口。Webster 认为低地的人口应该有四百万到五百万，但是又觉得这数字可能太高了（Webster，*Ancient Maya*，pp.173–174）。Linda Schele 和 David Freidel 在 *A Forest of Kings*：*The Untold Story of the Ancient Maya*（New York：Morrow，1990），pp.57–59，也认同蒂卡尔王国的人口为五十万；至于其他的城邦，在八世纪的时候可能有六十个之多，每一个城邦的人口都不到五万。

［3］尽管苏美尔文明对后来的文明产生了巨大的影响，但苏美尔的民族身份却慢慢消亡了。苏美尔的语言作为一种死掉的语言成为了巴比伦学者研究的对象，而在现实中没有流传下来。

［4］现在有超过二十种相互关联却又各有特点的玛雅语言，每一种语言基本上对应着一个古代玛雅城邦社会的疆域。依然使用玛雅语言为母语的人逐渐加入到对前哥伦布时代的文字的解读中；而那些玛雅的历法神职人员，或称为"照看日历的人"，从古代起就一直将历法流传了下来。玛雅的政治活动家包括里戈韦塔·门楚（Rigoberta Menchu），1992 年的诺贝尔奖获得者。参见 W.George Lovell，*Conquest and Survival in Colonial Guatemala*：*A Historical Geography of the Cuchumatan Highlands 1500-1821*，2nd ed.（Montreal：McGill-Queen's University Press，1992），and *A Beauty That Hurts*：*Life and Death in Guatemala*（Austin：University of Texas Press，2000）；Rigoberta Menchu，*I, Rigoberta Menchu*：*An Indian Woman in Guatemala*，trans.Ann Wright（London：Verso，1984）；and Barbara Tedlock，*Time and the Highland Maya*（Albuquerque：University of New Mexico Press，

1982）。

[5] 本书作者 Ronald Wright, *A Scientific Romance*（London：Anchor，1997），pp.66，
259；本书作者 Ronald Wright, "Civilization Is A Pyramid Scheme," *Globe and Mail*,
August 5, 2000。

[6] Edward Gibbon, *The History of the Decline and Fall of the Roman Empire*
（London：Folio Society，1995），pp.31。

[7] 用"新欧洲"这个词来形容美国、澳大利亚和阿根廷等国家，是 Alfred
Crosby 的首创（*Ecological Imperialism*，pp.2-3）。这里我主要是指美国在
19 世纪时在北美大陆的帝国式扩张。美国自己的国家神话把扩张称为"先
锋探索"和"定居"，但是，事实上这些征服使得一个又一个印第安部落
的人们流离失所无家可归，这包括了切罗基人和易洛魁人等高度组织化的
本土部落。这就是帝国扩张，是纳粹德国"生存空间"（Lebensraum）政
策的先驱了。美国历史学家 Patricia Nelson Limerick 如此写道："在美国
历史上没有比征服的事实更清楚的史实。在北美，和在南美一样……欧
洲人入侵了一块完全由土著居民占据的土地。"Patricia Nelson Limerick,
Something in the Soil（New York：Norton，2000），p.33。

[8] 人们通常会忘记，古典时期的雕塑原先是用鲜艳的色彩来描绘，并且要装
饰上布料、金属和毛发，或许与中世纪的宗教形象没什么不同。

[9] 山羊最糟糕的一个特点是会爬到树木低矮的枝干上，把树皮咬掉，毁灭即
使已经成熟的树木。W.B.Fisher（*Middle East*，p.91）曾经写道，"没有节
制的放牧，尤其是放牧那些'长着尖利有毒牙齿的山羊'，是中东地区农
业倒退现象的最根本原因。"绵羊也可能成为一个问题，特别是当它们被
引入超过它们自然活动的区域时，这些地方的本土植物很可能抵挡不住绵
羊的攻势。

[10] 我在秘鲁见过陡峭山坡上的田地，因为山坡实在陡峭，有时候农人就直
接从上面滚了下去。

[11] 见 Ponting, *Green History*，P.76。

[12] 同上，pp.76-77；也可参阅 Richard Manning, "The Oil We Eat," *Harper's
Magazine*，February 2004，pp.37-45.*Critias* 能够在 classics.mit.edu 阅读，
不过是另一个译本，译者是 Benjamin Jowett。

[13] 奥维德，《爱的艺术》，第三卷，翻译：Guy Lee（London：John Murray，

1968），在 2000 年时再版改名为 *Ovid in Love*.

［14］这个小镇名叫萨拉米斯（Salamis）。

［15］Tainter, *Complex Societies*, p.132。

［16］John Milton, *Paradise Lost*, book 4。较年轻的 William Pitt 在 1783 年 11 月 18 日的众议院会议上发表讲话，他补充说，"必需"也是奴隶的"宗教信仰。"

［17］Trigger, *Early Civilizations*, pp.8–9。

［18］从公元前 27 年到公元 284 年，是史学家称之为元首统治的时期（the principate）。这之后紧跟的是控制时期（the dominate）。一直到戴克里先（Diocletian）掌权后，皇帝才成为了正式的帝王，拥有了与东方独裁者相同的各种奢华陈设、铠甲和华服。

［19］罗马时期的"鹰派"人士认为罗马能够做得更好，应该沿着丝绸之路扩张到靠近海洋的地方，即世界最遥远的另一端。

［20］当时罗马的人口估计在四十万到一百万不等，不过我们不清楚这个数字包括了多少周边城邦的人口。大多数罗马人生活在拥挤的出租房里，因为在奥勒良城墙（Aurelian Walls）内五平方英里（十二平方公里）的土地上不可能居住着超过几十万人，特别是考虑到这片土地上还有许多的广场和公共建筑。有可能的情况是，罗马，包括其近郊、军营、农村等，在最鼎盛的时期居住着一百万人。罗马帝国的其他城市相比起来要小很多，但其中也有例外，比如君士坦丁堡在公元 4 世纪时的人口达到了二十万至四十万，还有叙利亚的安提阿（Antioch）。墨西哥的特奥蒂瓦坎是一个方正的城市，占地面积为八平方英里（二十一平方公里），在其鼎盛时期，公元 1 世纪到 7 世纪间，人口曾经达到过二十五万。古代中国的城市基本都是土木结构，所以现在留存下来可以进行估算的建筑已经极少，到晚周时期（大约 3 世纪到 4 世纪时），占地为十二平方英里（三十一平方公里）的城市，人口可能达到二十七万之多［见 Paul Wheatley, *The Pivot of the Four Quarters: A Preliminary Enquiry into the Origins and Character of the Ancient Chinese City*（Edinburgh: Edinburgh University Press, 1971），p.183］。城镇化在中国直到 11 世纪才出现，当时，各个城市的人口总和达到了几十万。

［21］Webster, *Ancient Maya*, p.150; Goudie, *Natural Environment*, p.32。

[22] 墨西哥城是由特诺奇提特兰（Tenochtitlan）和特拉特洛尔科（Tlatelolco）双城组成，建造在一片很大的湖上，由人工填成岛屿。后来，湖慢慢干涸了。城里修建有公共厕所，并且雇佣了一千名环卫工人清扫街道。城市污水和污物被小船运出城外，浇到田地里。Cortes 自己写道，主要的城市广场如此巨大，足以轻松容下一个五百人规模的小镇，在城里还有四十个"高塔"（金字塔），最高的一个"比塞维利亚天主座堂还要高"（引用于 Viola and Margolis，*Seeds of Change*，pp.36–37）。墨西哥城在 1519年时人口达到了二十万，后来直到 19 世纪，人口基本上就没超过这个数。Moshe Safdie 在 *The City After the Automobile: An Architect's Vision*（Toronto：Stoddart，1997），p.85，描写了墨西哥城从 1900 年的三十五万人口增加到 1990 年代超过两千一百万人口的非凡现代发展历程。

[23] 参见本书第二章和第三章内容。

[24] 参见狄更斯在《艰难时世》（*Hard Times*）中对"焦炭城"（Coke town）的叙述，详见本书第五章，注释 39。

[25] Tainter，*Complex Societies*，p.147。这里的银币是指埃及德拉克马，当时和古罗马银币绑定在一起，也贬值了。Fisher（*Middle East*，p.160），与Pliny 一样，注意到罗马帝国与远东在丝绸和其他东方奢侈品的交易方面有了增长，"帝国有四分之一到一半"的金银都流向了亚洲。

[26] Tainter，*Complex Societies*，p.147。举例来说，在公元 378 年的时候，巴尔干的矿工们叛变投靠了西哥特人。

[27] 在比弗尔诺（Biferno），这些影响"对于河谷来说是史无前例的，一直延续到了现代"（Redman，*Human Impact*，p.116）。西班牙西南部的贝拉（Vera）盆地也显出了同样的影响：人口（和土壤恶化）急剧增长，到公元 400 年的时候就整体崩溃了。这个河谷地区也经历了早前在青铜时代由于密集的青稞种植而引发的一轮毁坏；紧接着的是差不多一千年的荒废，直至罗马时代早期。

[28] 九米。

[29] Ponting，*Green History*，pp.77–78.

[30] 刚好一平方公里多一点。

[31] 参阅古英文诗 "The Ruin"，收录于 *Exeter Book*。

[32] 十公顷。

[33] 如果那时候的世界承载了两亿人口，我觉得美洲应该占三千万到五千万人，中国和印度也各有这么多。Ponting 估算出的公元 200 年世界人口为五百万，和 1300 年的一千四百万实在太少了（Ponting, *Green History*, pp.92-93.）。大多数专家现在接受的数据为，在 1492 年时，新世界的总人口达到了八千万到一亿，而全世界的总人口则是三点五亿到四亿之间。

[34] "查文"得名于安第斯山区中部的一个寺庙城（Chavin de Huantar）。有些专家认为查文有华丽装饰雕刻的石头城遗址是一个朝圣的中心；其他专家则认为它应该是一个政治中心。

[35] 差不多四千米。

[36] 蒂亚瓦纳科（Tiahuanaco）有三万到六万人口。作为最后一个被干旱摧毁的帝国的都城，蒂亚瓦纳科留下了水渠、梯田、巨石建筑，这些工艺精湛的巨石建筑在一千年之后依然让印加人惊叹不已。蒂亚瓦纳科与现代的阿亚库乔城附近的瓦里（Wari 或 Huari）间的关系至今还不清楚；虽然他们之间共享了一种艺术风格和一些图标，但之间也可能是敌对关系。参见 Alan Kilata, *Tiwanaku and Its Hinterland：Archaeology and Paleoecology of an Andean Civilization*（Wahington, DC: Smithsonian Books, 1996）；还有 Charles Stanish, *Ancient Titicaca：The Evolution of Complex Sociey in Southern Peru and Northern Bolivia*（Berkeley, CA：University of California Press, 2003）。

[37] 二十一平方公里。

[38] 在美洲大陆版图上，白种人不是第一个制造巨大方形城镇并扩张的人。

[39] Webster,（*Ancient Maya*, p.297）注意到科潘（Copan）在公元前 2000 年前就有了玉米。其他的玛雅城市也大概在同一时期开始了农业生活。

[40] 在危地马拉高原的埃尔波顿（El Porton），早期的文字刻在石碑上。见 Sharer, *Ancient Maya*, p.79。

[41] 九公顷。

[42] 这指的是艾尔米拉多（El Mirador）的丹塔平台（Danta platform），两边的长度均是一千英尺（三百米）长，二百三十英尺（七十米）高。这个平台的一部分是由一个自然形成的土堆构成，在那个时代，也有别的可以和这个平台相提并论的建筑。埃尔蒂格雷（El Tigre）建筑群的地基是蒂卡尔王国时代最大的古典庙宇地基的六倍大。同上，p.114ff.

[43]六十米。

[44]在旧世界，巴比伦人几乎发明了位置计数法，但他们的系统中没有真正意义上的零。有的专家现在相信，已经消失了的巴比伦人曾经在公元前300年时认识到了真正的零，那时候，塞琉古帝国刚刚被亚历山大大帝所建立。如果这属实的话，印度人的零有可能是源自巴比伦人的零。过去为大家所接受的知识是，阿拉伯数字首先于公元6世纪在印度北部出现，在8世纪的时候从印度到达了巴格达。欧洲的数学家在12世纪时认识到了阿拉伯数字的优势，但是完全采用又花了几个世纪的时间。奥尔梅克（Olmec）和玛雅人也许在公元前6世纪就已经完善了他们的数字系统，比印度人早了有一千多年（比塞琉古巴比伦人早了两百到三百年）。很有意思的是，玛雅的数字系统是二十进制，但是玛雅语言使用的是十进制计数：单词"十三"（*Oxlahun*）是由三（ox）和十（*lahun*）组成的，这与英语及其他一些语言是相同的。南美的印加人也有零的概念，用的是十进制计数方式，但是具体出现的日期并不清楚。一些相信跨太平洋文化接触的学者认为，亚洲的算数方式有可能是受到了美洲的影响。这并非不可能，尤其是考虑到零这个概念很少有人类想得出来。

[45]埃及的文字和苏美尔的文字很不同，但是书写的思路很可能都源自苏美尔文明。同样的情况也可能发生在印度河河谷的文字上，这类文字到现在依然没有被完全解读。具体参见 Michael D.Coe, *Breaking the Maya Code* (London: Thames and Hudson, 1992)。

[46]Trigger (*Early Civilizations*, p.8ff) 指出，那些完全依靠自己发明文字的文明一般是在文明出现的早期做到的。

[47]参阅 Sharer, *Ancient Maya*, 可以对玛雅的天文历法有一个很好的综括性了解，还可以参阅本书作者 Ronald Wright 的 *Time Among the Maya* (London: Bodley Head, 1989)，可以了解到玛雅历法如何运作，以及一些对遥远未来测算的令人惊叹的案例。对于玛雅历法的研究，Eric Thompson 的 *Maya Hieroglyphic Writing* (Norman: University of Oklahoma press, 1971)，以及 David H.Kelley, *Deciphering the Maya Script* (Austin: University of Texas, 1976)，依然是两本最好的参考资料，不过，他们对于玛雅文字的研究已经过时了。

[48]Sharer, *Ancient Maya*, p.471。

［49］见同上书籍 p.467–476。大多数的玛雅城市与墨西哥的城市情况不同，它们都不是按照方形建立的；城市的部分渐渐融入了周边的乡村。蒂卡尔王国的"边界"是一些泥土工事和盆地，这些边界包围着城市大约五十平方英里（一百二十平方公里）的核心城市区域。有的玛雅研究学者认为，玛雅的政治体系是由许多名义上独立，但实际上轮流执掌大权的不同城市组成的一个城邦体系，与现代的民族—国家体系很像。其他的学者则认为，一些更强大的城市分别建立了短命的帝国，就像古希腊的雅典那样。

［50］见同上书籍 p.471，以及 T.Patrick Culbert and Don S.Rice, eds., *Precolumbian Population History in the Maya Lowlands*（Albuquerque: University of New Mexico Press, 1990）。也可参阅 Webster, *Ancient Maya*, pp.173–174，里面有一个关于人口问题的综述。但是，我认为作者低估了当时密集耕作的程度，并且，他对于玛雅城市仅仅作为"皇家中心"的看法似乎是要恢复早已被否定的仪式中心模式。从其他角度来看，他的这本书是现存的对于玛雅帝国衰落最好也是最新的总结。

［51］每平方公里两百人。

［52］阿兹特克人在墨西哥城附近的浅湖中也建立有类似的农耕系统，那时候他们一年可以种植多至四种农作物。在山地，玛雅人有时候也会开垦出梯田，以便保持住土壤，不过这些梯田难以和亚洲以及安第斯的规模相比。生活在玻利维亚安第斯山脉的蒂亚瓦纳科城的居民也在的的喀喀湖附近修起了梯田，但是仅仅种植秃头和其他一些高海拔农作物，包括块茎藜和藜麦。在这个例子中，水渠起到了热量蓄积器的功能，防止了霜冻的影响；在有些地方，这些系统被修复使用，然后使得农作物产量大增。Trigger（*Early Civilizations*, pp.28–34）对阿兹特克和其他古代的粮食生产体系进行过描述。

［53］赫胥黎的 *Beyond the Mexique Bay* 是很反常的，其关于玛雅考古的内容已经过时，不过在 1930 年代这本书还是很有意思的。

［54］玛雅建筑的逼真仿制品在 1893 年的芝加哥世界博览会上得到展出。参阅 Barbara Braun, *Pre-Columbian Art and the Post-Columbian World: Ancient American Sources of Modern Art*（New York: Abrams, 1993），对前哥伦布时代的文化对现代艺术和建筑的影响有一个引人入胜的梳理。

［55］这些高楼几乎都是在公元 695 年蒂卡尔战胜其宿敌卡拉克穆尔（Calakmul）

到公元 810 年第三号寺庙修建完成的一百一十五年间修建的（见
Webster, *Ancient Maya*, chap.8）。所有这些高楼似乎都是作为皇家陵墓
而修建的，是王室对公共空间的挤占，这在美索亚美利加是一件新的事
物，因为过去的国王和贵族死后都是埋葬在现存的寺庙平台上。最令人
惊叹的地下密室是帕卡尔（Pacal）在帕伦克的陵墓，在走道和楼梯上完
整地躺着陪葬的随从。

[56] 或者是在公元 790 和 792 年。这些日期已经记录得不全了。

[57] 除去在公元 869 年冒出的一个堂吉诃德式的闪现以外。

[58] 有的专家依然在争论玛雅长计历法和我们的历法在日期计算上相关性的
问题，但是大多数人都接受了 Goodman-Martinez-Thompson 两种关联算法
中的一种。此种关联显示，两个历法之间相差仅仅两天，尽管后古典时
期的玛雅人放弃了长计制，但他们还是记住了它，并且在西班牙时代继
续使用了一个与长计历法相关的名为短计制的历法。这个历法系统的一
部分在今天依然还被危地马拉的日期保管者使用着。最近，这些管理历
法的神职人员又重新恢复了长计制历法，并且开始印制玛雅年历。

[59] Webster, *Ancient Maya*, pp.273–274。

[60] 同上，p.312

[61] 同上，p.317

[62] 同上，p.309。

[63] 如果干旱是主要原因，你会期望看到大多数时候都很干旱的尤卡坦受到
最糟糕的影响。在梅里达（Merida），年平均降雨量是三十七英尺（九十四
厘米），大概是蒂卡尔王国的一半（同上，p.244）。尤卡坦大多数地方
没有河流或者湖泊，只能从自然形成的井里或者人造蓄水池里获取地下
水（玛雅文称为 *dzonot*）。缺水带来的焦虑持续不断，因此尤卡坦的古
代建筑几乎都会覆盖有恰克（Chac）的脸部雕像，恰克是雨和水神。但
是，事实上玛雅衰落得最厉害的地方是在中心地带，佩腾森林（Peten
Jungle）。在尤卡坦北部和南部的高原地区，玛雅文明继续发展，建造了
城镇，把玛雅文化的古老知识抄录下来，一直到西班牙时代。直到 18 世
纪初，还有一些尤卡坦的玛雅人依然能够读懂并书写玛雅的古文字。有
一些玛雅的城镇在丛林里幸存了下来：这里面尤其著名的是在佩腾伊察湖
上的塔亚萨尔（Tayasal），还有伯利兹的拉马奈（Lamanai）和提普（Tipu）。

不过，规模非常小。我怀疑在西班牙人到达的时候，当地人口已经恢复到了古典时期的十分之一左右。在那之后，欧洲和非洲的疾病把维多利亚时代之前一切人口复兴的可能都遏制了。然而，在 1697 年塔亚萨尔被征服前，其人口时不时也因为从西班牙涌入的难民而有增长。

[64]玛雅文明似乎在这之前已经有过两次翘趸：一次是在前古典时代的结尾（大约公元 200 年时），另一次则是在古典时代中期（约公元 6 世纪时）。严重的干旱很可能是一个因素，因此导致了战争和骚乱，不过并没有带来普遍的衰败和崩溃。

[65]公元 14 世纪中期发生在欧洲的黑死病减轻了人口对土地的压力，同时，疾病之后导致的劳动力短缺激发了创新和提高了社会流动性。玛雅文明的恢复则被天花还有其他西班牙人带来的新疾病打断了。

[66]比弗尔诺河谷在罗马时代被严重侵蚀，因此一直到 15 世纪之前都没有密集的开发和土壤的侵蚀（Redman, *Human Impact*, p.116）。在玛雅的科潘城，花粉研究显示，森林在 1250 年开始重新出现；Webster（*Ancient Maya*, pp.312-314）描述了玛雅遗迹中现代玉米地的地层研究结果。在这一地区田地和林地的重新耕作大多是晚近发生的，在 19 世纪 John L.Stephens 和 Frederick Catherwood 这样的探索者到来时，他们几乎什么都没有看到。正如在前面所提，罗马时代的北部非洲一直都没能够恢复，现在也是大片的荒漠。

[67]在冰河时代结束后，山脉上出现了森林，并且长了好一阵子，等到埃及文明开始时，这些地方大多变作了沙漠。

[68]三万九千平方公里。

[69]在三千年的时间里，唯一重大的发明应该算是公元前 1300 年时用来灌溉的"长杆桶"（Shadduf），还有在公元前 300 年时发明的"萨基亚"（Sagiya）水车。在古中国，石制工具如石镰刀和石刀，依然是很普遍的。

[70]埃及的生态系统在 1950 年修建阿斯旺大坝之后已经经历了巨大的变化。大量的泥沙不再被冲到田地里，人们用粪便和化肥做了替代；盐碱化和地涝日益成为严重的问题。J.A.Wilson, "Egypt through the New Kingdom: Civilization without Cities", *City Invincible*, eds.C.H.Kraeling and Robert McCormick Adams（Chicago: University of Chicago Press, 1960）一文中把埃及称作"没有城市的文明"，因为埃及的大多数人生活在河边田地旁干

燥土地上的小村落里。

[71] 从公元前 3000 年到公元 1500 年间，世界人口的平均增长率约为 0.1%（Ponting, *Green History*, pp.89-90），人口大约每八百年翻一番。埃及的古老王朝被认为拥有一百二十万到两百万人口；中国有两百到三百万。在托勒密时代刚开始时，世界人口达到了一个顶峰，共计有六百万到七百万人，但这个数字到了罗马时代就降低了。最晚到 1882 年的时候，埃及人口总数也仅仅是六百七十万，显示出人类从法老时代开始的两千多年里，总人口几乎就没有增长 [Alfred Crosby, *The Columbian Exchange: Biological and Cultural Consequences of 1492* (Westport, CN: Greenwood Press, 1972), p.190]。到 1964 年时，埃及人口已经增长到了两千八百九十万；Crosby 认为这次人口增长和玉米的引种关系密切。从 1964 年开始至今，埃及人口再次翻番，但此时的埃及人主要吃的是进口小麦，玉米是给牲畜吃的 [参阅 Timothy Mitchell, "The Object of Development: America's Egypt," in Jonathan Crush, ed., *The Power of Development* (London: Routledge, 1995)]。

[72] 每平方公里一百五十人。

[73] 对古埃及木乃伊的研究表明，包括上层阶级，埃及人的健康状况都很糟糕。因为人口居住密集和饮用水不安全因素的普遍存在，寄生虫感染传播非常厉害，那些被严重剥削的底层民众也是营养不良的受害者。

[74] 主要的农作物是小米，在公元前 1300 年时，小麦取代了小米。从欧亚大陆的另一端开始驯化小麦开始，小麦用了 6000 年的时间才传播到中国，这个现象和 Diamond (*Guns, Germs, and Steel*) 所提出的旧世界里科学技术迅速传播的理论很不相符。

[75] 主要的贸易商品是丝绸，它从中国沿丝绸之路转运到罗马。两个帝国对于相互的存在都只有一些很模糊的认识。

[76] 中国的历史记录表明，在公元前 108 年到公元 1910 年间，几乎每一年都会有至少一个省经历饥荒的侵袭 (Ponting, *Green History*, p.105)。

第五章

工具的反叛

我特别不能抵抗愤世嫉俗的涂鸦所传递的力量。一个关于"进步带来的危险"的涂鸦如是写道："每次历史重演时，代价会变得更大。"地球上最早的文明苏美尔的崩溃，只波及了五十万人。罗马帝国的衰落则影响了几千万人。当然，如果我们的文明也失败了，那么受灾的则是亿万之众。

到目前为止，我们已经分析了四个古老的社会——苏美尔、罗马、玛雅、复活节岛，每个都在大约一千年的时间里用尽了大自然对它们的厚待，走向了灭亡。我还提到了两个例外，埃及和中国，它们存在了超过三千年。

约瑟夫·泰恩特在书中对过去的灭亡用了三种别称：失控的火车、恐龙、纸牌屋。这些通常是一起作用的[1]，苏美尔人的灌溉系统确实是一列失控的火车，开向灾难的结局并无法逃离；统治者无力解决问题则如同恐龙的灭绝；文明迅速衰落，不可逆转，显现为纸牌屋。

其他失败的试验也可以得出同样的结论。我们面对的错误比任何特定时空所犯的错误影响更深远。农业的发明本身就是一列失控的火车，它带来人口极大的膨胀，但极少能解决食物问题，因此会有两个不可避免（或几乎不可避免）的后果。第一个是生物性的：人口增长直到超过食物供应的能力。第二是社会性的：所有文明都变为等级制，财富向上层的积聚使社会总体的财富总是不足。经济学家托马斯·马尔萨斯（Thomas Malthus）探索了第一个困境，从基督到马克思的思想家们则论及了第二个。

文明是人类发展的一种试验，一种非常晚近的生活方式，它有个习惯，那就是它总是步入我所说的"进步的陷阱"。村庄在河边良土上选址是正确的；但是当村庄发展为城市，并在良土上铺路，这就成了坏事。而且，防患于未然可能可行，补救则不那么容易：一座城市不是那么容易迁移的。这种无法预见或警惕长远后果的无能，或许就是我们人类的天性，来自于人类狩猎和采集时从手入口生活方式的百万年岁月的塑造。也可能是社会金字塔促生了某种惰性、贪婪和自私的混合。权力积聚在金字塔顶端的事实，让精英们有维持现状的既得利益考量，即便是环境和普罗大众已经受苦很长时间了，特权阶层在日益黑暗的时代却仍然繁盛。

尽管逝去文明的残骸已经在地球上四散，关于文明的总试验却仍在继续扩散和增长。目前，可能的估算数字可以细分如下：公元 2 世纪时，世界人口在罗马鼎盛时期约为两亿；到了公元 1500 年人口约四亿，当时欧洲人来到了美洲[2]；1825 年，在煤炭时代之初，人口到了十亿；到 1925 年，石油年代开启时人口为二十亿；公元 2000 年时达到了六十亿。比增长更令人惊讶的是加速度。罗马帝国之后，增加两亿人口花费了一千三百年；然而从五十八亿到六十亿这最后两亿的增加却只用了三年[3]。

我们倾向于认为自己所处的时代是例外，而且很多方面确实如此。但是，当前的狭隘主义——我们的眼睛紧盯着球而不是游戏——是危险的。沉迷于眼前，我们就忽视了时间推移的过程，忘了问自己保罗·高更提出的终极问题：我们去向何方？如果过往的时代都因冲破了自然的极限而崩溃没落，我们这辆失控的火车（如果是这么回事）凭什么能够提高速度继续前行呢？

我前面提到中国和埃及文明长存的例外，是因为大自然通过风和水从别的地方慷慨地为它们提供了额外富足的地表土。但是这也一定和人们的智慧与努力大有关系。每亩土地可以养活的人数，以及可以供给的时间长短，并不完全由自然肥力决定。文明在农业方面的发展确实随着时间推移而变得更好了。混合农业在犁地时使用人和动物的粪便，为北欧提供了不间断的持续肥土。轮作作物和使用"绿肥"（固氮植物埋入土中）的方法在现代早期时大大提高了作物产量。亚洲的水稻种植非常高产，精确平整的梯田确保了可持续的坡地耕种。西班牙的穆斯林文明不但向中世纪晚期的欧洲传递了古典手法，还通过种植橄榄梯田修复了罗马被侵蚀的土地，并改善了灌溉系统。在安第斯山脉，印加人和前印加人建造了有效的山区农业，通过冰川融水灌溉阶梯石田，又从海岛荒芜的古老海鸟栖息地挖出海鸟粪做肥。研究表明，安第斯梯田在历经了一千五百年的使用后并没有出现肥力的损失[4]。

在农业方法上的稳定改良可以解释人口的稳定增长，但不能解释为何过去几个世纪中出现了人口爆炸。机械化和卫生条件的改良与后期的人口爆炸或许有关，但是在人口爆炸初期——早于农业机械化和公共卫生的出现时——人口的剧增与它们无关。人口爆炸的起始时间大概在哥伦布之后一个世纪，正是西班牙征服殖民地的奇异之果开始被消化之时。那时候，欧洲获得了巨大的财富和补给，充分发展但却没有任何保护措施的半个地球的资源都落入了欧洲人口袋里。

如果美洲原本是一片荒芜大地，入侵者也许花费很长时间也无法从中获利，因为每块土地都必须从森林里开辟出来，每种作物必须进口而来并适应环境，每种矿物必须去挖掘，每条穿过无人迹的沙漠和山脉的道路都必须铺出。但事实并非如此，这个未知的世界自有其新石器革命，并也已建设起一系列基于富饶农业基础之上的文明。

美洲的三块大陆形成了一个如同亚洲那样复杂的世界，承载着八千万到一亿多的人口，占了人类总人口的五分之一到四分之一之间。公元 1500 年时，最强大的政权是阿兹特克王国，一个城邦制的政权，主要由名为墨西哥的城市集群构成；另一个强大的政权是印加帝国，或者叫塔万廷苏尤（Tawantinsuyu）[5]，顺着安第斯山脉和太平洋海岸绵延三千英里[6]。这两国各有人口约两千万，是介于古埃及和罗马[7]之间的规模。拥有二十五万人口的阿兹特克首都是当时美洲最大的城市，也是世界上前六位的大城市。印加帝国并非很都市化，但是组织严谨，铺设了一万四千英里[8]的道路、有中央计划经济、用劳动税（Labor-tax）而非奴隶的方式建成了大面积梯田和灌溉系统。这里尽管远非劳动者的天堂，但与未来西班牙人的统治相比，也算接近天堂了[9]。这两个帝国尚且年轻，继承了前人的遗产，如果没有外来入侵者的到来[10]，也许还能有几个世纪的前景。但是，他们就像果实成熟的果园，终究等来了侵入者。

环境历史学者阿尔弗雷德·克罗斯比（Alfred Crosby）和威廉·麦克尼尔（William Mcneill）在1970年代时指出，新世界的真正统治者是细菌，即大规模杀手，如天花、黑死病、流感和麻疹。这些杀手随欧洲人首次抵达了美洲（欧洲人对它们是有抵抗力的），并且如生化武器一般发挥了作用，第一波攻击[11]就杀死了墨西哥及秘鲁的统治者和至少半数的人口。西班牙征服者"奇迹般的胜利"，克罗斯柏写道，"大部分是（天花）病毒的胜利"。[12]尽管他们有枪支马匹，但西班牙人几乎没能在大陆上取得任何大的胜利，直到天花流行之后。在这之前，玛雅人、阿兹特克人和佛罗里达原住民（Floridians）都击退了西班牙人最初的入侵。[13]

若干年前，五角大楼提出一个名为中子弹的核战争狂人武器计划，该武器打算在俄国城市上空投放，灼热爆炸可以杀死所有人但又不破坏所有的物质财产[14]。入侵美洲的欧洲人使用的疾病武器具有一模一样的效果。但是不要以为新世界没有经过争斗就倒下了：为争夺墨西哥和库斯科的战斗是历史上最惨烈的[15]。可是一旦传染病的面纱被撕开，维护他们祖先建筑万年成果的人口就剧减了。一个在墨西哥的西班牙修道士写道："他们就像臭虫一样成堆地死去。"[16]

除了大平原和寒冷地区，就连北美地区在公元 1500 年时也并不荒蛮。好莱坞可能成功地说服我们去相信"典型"的印第安人是犀牛猎人，但在美国所有的温带地区，从西南到东南，从北部到密苏里、俄亥俄州和五大湖区，都密布着从事农业的人口。当英国的清教徒到达马萨诸塞州时，印第安人刚刚死光，白人见到的是空房子、冬季作物和平整的土地在等待他们的使用：这是随后殖民者通过寄生生活方式走遍美洲大陆的一个预兆。"欧洲人在此发现的不是一个荒野之地，"美国历史学家法兰西斯·杰宁斯（Francis Jennings）写道，"但他们制造了一个。"[17]

对于西班牙人来说，疾病是比中子弹更佳的武器，因为这刚好够幸存下来的美洲印第安人投入挖矿的工作[18]。阿兹特克和印加的财富不过是后来几个世纪里经过大西洋流出的所有金银的首付[19]。经济上来说，工业革命开始于阿塔瓦尔帕的金子，卡尔·马克思是首先看到这一点的经济学家之一。他在 1847 年声称："发展制造业不可或缺的条件，是资本的积累，这积累是依靠美洲的发现和从美洲进口的贵金属才得以实现的。"[20]为西班牙帝国背书的热那亚人和德国银行家金银满仓，急于寻找投资项目。他们中的很多人来到了北欧，为支持造船、造枪和其他帝国探险提供资金。还有不少投入到欧洲的战争，同伴间的战争是发明之母。从一定意义上讲或许并非是毛泽东所要表达的意思，但权力确实从枪杆子里长了出来：冒烟的大炮筒遗传下来的是蒸汽气缸和汽油发动机。

金银只是由掠夺、土地和劳力组成的跨大西洋三角的一边。新世界遗留的土地以及其所有的农作物，从长远来看远超那些金属的价值。感恩节晚宴上，虔诚的美国人向上帝感谢其在"蛮荒之地"为他们提供食物。然后他们就狼吞虎咽地享用了一顿有火鸡、豆、西葫芦、南瓜和马铃薯的大餐。所有这些食物都是新世界文明经过数千年发展得来的。我们很难想象没有辣椒的咖喱，没有番茄的意大利菜，瑞典和比利时没有巧克力，夏威夷没有菠萝，非洲没有木薯，英国人吃炸鱼不配薯条。

除了对饮食的影响，新作物在非洲、亚洲还有欧洲，均带来了粮食产量的大幅提高。玉米和土豆是小麦和大麦产量的两倍，等于只需要一半的土地和劳力就可以收获同量的食物[21]。人口增长，大批人口离开农场，在从英国到黄金海岸[22]的地方形成了剩余劳动力。在北方，这些剩余劳动力最终进入矿山和工厂工作，而在非洲，剩余劳动力成了换取制造品，特别是枪支的外汇。[23]

欧洲人把非洲人运过大西洋来代替美洲原著民为欧洲城市种植甘蔗、棉花和咖啡豆[24]。随后，欧洲人还开始输出自己的剩余人口，去填充北美洲的大草原和牧场，这些地方被证明是种植小麦和大麦的理想之地。随着农业机械的发明，旧世界的作物变得不再那么劳动密集。而且对海鸟粪的重新发现和在世界范围内的利用——印加农业带来的又一个礼物——使农作物产量飞升[25]。当存积的海鸟粪和其他天然肥料用光后，为商业目的进行的农业变得几乎完全依赖于石油和天然气制成的化学肥料。因此，我们实际上是吃石油长大的[26]。

1991年，威廉·麦克尼尔提出的结论是："现代人口的汹涌增长，很大程度上是靠新作物来维持的，这增长依然继续着，具有剧烈但又不可预见的生态后果。"[27]在他写下这些话的十三年后，十亿新增人口出现在地球上，这与1825年机械化之初时地球上的总人口数相同。如果工业文明最终失败了，十亿，也许就是接近只靠人力能够无限期喂饱自己的人口极限。

如果美洲不存在，我们将不得而知工业革命何时、何地，或者甚至是否会发生。我的猜测是工业革命依然会发生，但会更晚，更慢，并且发展方式不同。或者会从中国开始，而非欧洲，或者在这两个地方都发生[28]。但那是"如果"史学派的理论。我们能说的就是事情将会发展得更缓慢，并且完全不同。我们今天的世界是新世界带来的礼物。

那时的新世界，真的是黄金之国，也是乌托邦。亚马逊地区社会的早期报告影响了托马斯·莫尔爵士出版于1516年著作的书名。一个世纪后，有一半印加血统的畅销书作家加西拉索·德拉维加（Garcilaso de la Vega），宣称他母亲的没落帝国是理想国[29]。在北美这种影响最直接，每天都在发生。早期的殖民前沿文化是混合的，在那里印第安人种植果园，白人倒卖。定居者们和施行自治的本地人打斗、开展贸易，并且通婚，这些本地人实践的是社会公正，在议会里自由辩论并遵从合议的原则。詹姆斯·阿代尔（James Adair）于 1775 年就切罗基人写道："他们整个体制所呼吸的没有其他，只有自由！"本杰明·弗兰克林对易洛魁联邦也有同样的观察，他迫切促进十三殖民地以此为效仿对象[30]。持不同意见者可以离开他们的政权另外建立独立的组群，就这么简单，白人对此尤其印象深刻。在这里，展现在对遥远的英国皇室颇有恨意的殖民者眼前的是：自由、民主和退出的权利。

过去和现在，大多数人都没有认识到本土的民主制度是后哥伦布时期蓬勃发展的产物，并且在公元 16 世纪大灭绝遗留下来的开阔地理空间里得以壮大。大多数东部的农耕部落其实是曾经强大的酋长制的残部。如果英国人在美洲人口剧减以前来到美洲，他们会发现一个和他们自己相似的社会结构：领主居住在百尺高[31]的土金字塔之上的大房子里，乘轿子出入，去世时有奴隶和妻妾陪葬[32]。天花病毒把上述这些部落，连同阿兹特克和印加社会都颠覆了，同时也在美洲革命进程中起到了先遣作用。大部分起义都是由稀缺的需求引发；美洲的反抗却是因为充足而起——来自印第安人的充足土地和印第安人的治理理念。在不止一个方面，弗兰克林的国人成为了他所说的"白种野蛮人"。

美洲革命接下来影响了法国革命，法国人自有其白种野蛮人，以及其所制造的恐怖。之后的一个世纪里，法国各界都致力于避免更多的恐怖出现，从而开始扩大公民的选举和参政权利。当新的工业经济发展滋养了一个不断扩大的中产阶级时[33]，一个促进参与的措施从社会金字塔的上层向下层不情愿地渗透着。

今天，有幸出生在西方国家里的我们认为，两个世纪以来的自由和富裕的泡沫是正常和必然的；这甚至一度被称为历史的"终结"，既是现世论又是目的论[34]意义上的终结。然而这种新秩序是反常的：是文明通常发展的反面。我们的时代是通过抢夺一半的星球资源，再通过占有剩余那一半星球的大部分来扩张的。为了维持这种发展，我们要消耗新型的自然资本，特别是化石燃料。在新世界，西方遇上了所有时代中最大的富矿带。以后将不会再有这样的富矿了——除非我们能发现 H.G. 威尔士在他的小说《星际战争》里写到的文明的火星人，这些火星人因为完全不能抵抗我们人类的细菌而灭亡[35]。

文明的试验早就遭到一些人的质疑，即使是在变化太过缓慢还让人无法评价的时候。伊卡洛斯、普罗米修斯和潘多拉的故事显示了聪明过头的风险，这也是《圣经·创世记》里提到的一个主题[36]。也许，古代这类故事中最具洞察力的是遭遇文明衰落的玛雅人所创作的史诗"工具的反叛"《波波尔·乌》（*Popol Vuh*）[37]。书中写道，人类被他们的农场和家用工具所推翻：

> 全部（那些东西）开始说话……他们的磨石说："你们……会感觉到我们的力量。我们会磨碎并把你们的肉撕成碎片。"……同时，煎锅和煮锅说："你们给我们造成的疼痛和折磨……你烧我们，好像我们感觉不到痛。现在你们会感

觉到了，我们要烧你们。"[38]

就像古巴作家阿莱霍·卡彭铁尔（Alejo Carpentier）指出的，这是我们最早的关于机器威胁人类的明确警告。

这样的警告在19世纪时变得平常起来。那时候，有史以来第一次，在人的一生里能够感知到剧烈的技术和社会变化。在1800年，城市还小，空气和水相对干净——也就是说环境可能让你得霍乱，但不会得癌症。没有什么比风或双腿跑得更快。机器的声音几乎不为人知。一个人如果从1600年穿越到1800年，可能不会感觉到格格不入。但到了1900年，街上有了汽车，地下有电力地铁；电影在屏幕上闪烁；地球的年龄被重估为数百万年，爱因斯坦正书写着他的狭义相对论（Special Theory of Relativity）。

19世纪早期，玛丽·雪莱在其著作《科学怪人》中对新科学进行了反思。查尔斯·狄更斯在《艰难时世》中对工业的社会成本给出了尖刻又有先知的批判，他质问是否"良善的萨马利亚人是糟糕的经济学家"，他还预见了新的宗教："人类从出生到死亡，"他于1854年写道，"都在柜台上讨价还价。"[39]

在赛缪尔·巴特勒（Samuel Butler）1872年的小说《乌有之乡》（Erewhon）里，虚构了一种遥远的文明，其工业化远早于欧洲，但其进步的影响引发了反科技运动。一个乌有之乡的激进者写道，最大的危险不是机器本身，而是它们发展演进的速度：如果不及时制止，它们可能发展出语言，能够自我繁殖，并征服人类。巴特勒在此运用的是达尔文主义，但蒸汽时代喘着粗气的怪物带来的焦虑却真实地出现在书中。在本杰明·迪斯雷利（Benjamin Disraeli）成为总理之前多年，他在小说《康宁斯比》（*Coningsby*）中预见到了"乌有之乡"般的恐惧："神秘事物的神秘之处在于，你看到了机器在制造机器，这是一个让你的意识里充满好奇和恐惧的场面。"[40]

当维多利亚时代向前急速奔去，很多作家开始问"我们要去向何方？"如果他们所在的世纪中事物的发展已经如此之快，那么接下来的世纪中会发生什么呢？巴特勒、威尔士、威廉·莫里斯（William Morris）、理查·杰弗里斯（Richard Jefferies），以及其他很多人把想象、讽刺和寓言混合在一起，创造了一个名为科幻（Scientific Romance）的文学流派。

在出版于1895年的小说《时间机器》（*The Time Machine*）里，威尔士让一个旅行者去到遥远的未来，在那里人类分裂成两个物种，即埃洛伊族和莫洛克族。埃洛伊族处在奢侈享乐的上层社会，愚蠢地依靠莫洛克族的工业劳动而活。埃洛伊人从来没有想到这些低级的次人类看似是他们的奴隶，实际上是在喂养他们作为大餐。

在威廉·莫里斯的《乌有之乡的消息》（*News from Nowhere*）中，他梦到了一个后工业化的新时代——城市善良的工匠精神、美好的设计、自由的爱，就像前拉斐尔的理想国——从中他抨击了第一次全球化大浪潮以及被蒸汽船、电报和大英帝国所控制的世界市场：

工匠对工作的乐趣，最起码的舒适和基本的健康……在这个危险的、所谓必需的"廉价产品"——很大一部分完全没有必要生产——理念面前，毫无分量……整个社会都被扔进了这个贪婪饥饿的怪兽嘴里，即世界市场。

尽管我们可以从过去吸取教训，但是学到的似乎并不多。第一次世界大战之前的最后一代人所经历的时代，也就是年轻的爱因斯坦、奥斯卡·王尔德，和康拉德关于恐怖主义的小说《特工》所处的时代，在很多方面就像我们现在的时代一样：一个老态疲乏的旧世纪；一个道德败坏迷茫的新世纪，轰炸机潜在阴影来临，工业家们在他们巨大的府邸里宣称不受约束、运行自由的企业将为全人类带来新的耶路撒冷。

更多思虑周全的观察者们感觉到变化在失去控制，并开始担心随着工业力量的强大，人类已经找到了自杀的方式。他们看到持强硬外交政策的民族－国家投入了一场军备竞赛。他们看到社会剥削和广大的城市贫民窟、污染的空气和水，还有通过机关枪把"文明"强加于"野蛮人"。[41]

如果这些枪不是对准祖鲁人或是印第安苏族，而是对着欧洲人会怎么样呢？如果贫民区的堕落带来了人类的堕落会怎么样呢？如果如此多的人们背井离乡，生活痛苦而污秽，那么取得的所有经济收入又有何实际意义呢？在威尔士笔下的时间旅行者旅行的最后时刻，他认为文明就像是"愚蠢的堆积，最后不可避免地要毁灭它的制造者。"

很多人会说，我们依然活着的证据证明，那些苦闷悲观的维多利亚时代的人预计错了。但是我们真能证明他们错了吗？他们可能对我们时代的想象在细节上是错误的，但是他们正确地预见到了麻烦。在他们的前方，有第一次世界大战和一千二百万人死亡，[42] 有俄国革命，有大萧条，接着是希特勒、死亡集中营、第二次世界大战（五千万人死亡）和原子弹爆炸。再接着是冷战、古巴导弹危机、越南、柬埔寨和卢旺达。甚至最悲观的维多利亚时代的人可能也不敢相信 20 世纪会在战争中死亡超过一亿人——这是罗马帝国总人口的两倍。[43] 历史的代价确实是在攀升。

维多利亚时代的科幻文学有两个现代衍生物：主流的科幻小说和植根于灾难性未来的深刻社会讽刺文学。后者包括上个世纪最重要的几本书：阿道斯·赫胥黎的《美丽新世界》，乔治·奥维尔的《一九八四》，J.M. 库切的《等待野蛮人》，以及关于一系列后核武荒地的著作，其中罗素·霍本（Russell Hoban）的《步行者》（*Riddley Walker*）当属杰作。

当核威胁减弱后（也许吧），现代启示录类的小说开始重新关注广岛核爆之前提到的忧虑——特别是新技术的风险，以及我们人类怎样才能够在不抛弃人道尊严去遵从蚂蚁般的秩序的情况下继续生存。（也许最令人不安的是赫胥黎在《美丽新世界》中对阶级秩序之恶的强有力论证，今时今日，这个问题比 1932 年时更难回答。）《乌有之乡》里丁当怪响的魔鬼，以微妙的形式威胁了整个生物圈：气候反常、毒性废物、新病原体、纳米技术、控制论、遗传工程。

　　书写一部反乌托邦讽刺文学的危险之一，是当你所写的事情被事实应验时感到的无比沮丧。十年前我开始着手我的小说《科幻》（ *A Scientific Romance* ），选这个题目是因为我想要对那些维多利亚时代的人表示敬意，还因为小说的主题是我们对科学的狂热激情。出于讽刺的目的，我借用了新闻里我认为是胡乱猜测的信息来构思。我的小说中有个角色死于疯牛病，我考虑在最后一稿中可能会用其他不那么牵强的疾病来结束她的生命。可到了1997年这本书出版时，却真的已经有几十个人死于疯牛病了。[44]其他的讽刺元素也不再是我写作刚开始时游乐宫里镜像般的幻象，比如气候变化把寒冬的伦敦变成了热带湿地；转基因人类成为了幸存的人种；转基因草地不需要剪草，因为它有自我限制性能。就在几个月前，更具体的一些事让我感到非常困扰。我的小说中，在伦敦的密林里，我的主角发现了一条被堵住的街道和用混凝土强化的建筑群。于是他推断，严阵以待的英国政府一定是在2030年迎来了末日[45]。今年早些时候，我从报纸上读到了托尼·布莱尔的政府计划是把国会大厦四周用十四英尺高[46]的混凝土和铁丝网包围起来[47]。

　　我不想做个预言家，肯定也不会自称是预言家。我们不需要诺斯特拉达姆士（法国预言家）就可以预见那堵墙将在危机时刻被加高——然而最厚的墙存在于思想中。疯牛病灾难中最有说服力的显著特点是，英国政府除去对局面好转抱有希望之外，毫无实际作为。玛格丽特·阿特伍德（Margaret Atwood）在其最近的反乌托邦文学作品《末世男女》（*Oryx and Crake*）中重点关注的是生物科技，同时，她也对不久的将来文明的崩溃做出了描述。她书中的一个角色问道："那么，作为一个物种，我们被希望所消灭？"[48]被希望？是的，就是这样。希望驱使我们发明对老麻烦的新解决办法，反过来又带来甚至更为危险的麻烦。希望投票选择了随意做出空头承诺的政治家；就像股票代理人或彩票销售员都知道的那样，大多数人对谨慎和可预期的节俭方式不报什么希望。而希望，就像贪婪，是资本主义的发动机燃料。

约翰·斯坦贝克曾说过，社会主义从未在美国生根，因为那里的穷人不认为他们是被剥削的无产阶级，而是暂时窘迫的百万富翁。这有助于解释为什么美国文化对限制的概念如此敌视，以及为什么在最近的一次能源短缺时拒绝穿毛衣的吉米·卡特，投票给了嘲笑能源和环境保护并告诉大家"美国还处于早晨"的罗纳德·里根[49]。没有哪个地方比美国拥有更多相信进步神话的狂热信徒。

马克思当然是对的，他把资本主义称为"一个打破限制的机器"。尽管共产主义对自然环境造成的负担也不轻，但至少它主张均分物资。资本主义诱惑我们向前，就像猎犬前面的机器兔子，它坚持认为经济是无限的，也就没有必要分配。刚好有足够多的猎犬不时能够抓到一只真的兔子，这就给了其他猎犬继续奔跑的动力，直到倒毙。过去，这场游戏的输家只是穷人，现在，输家是这颗星球。[50]

那些少小离家在外旅行的人经过二三十年后回到故里，无不被观察到的巨大变化冲击着。农田变作了市郊，丛林退让给养牛的牧场，河流败给了水库大坝，红树林变作了养虾场，山岭变作了水泥采石坑，珊瑚礁变成了公寓楼。

我们仍然拥有各异的文化和政治体系，但是在经济层面上现在只有一个大的文明，即依靠整个星球的自然资本生存。我们四处砍伐，到处捕鱼，处处灌溉，遍地建楼，生物圈没有哪个角落能逃脱我们垃圾废物的大出血[51]。自从1970年代以来，世界贸易近二十倍的增长意味着世界上几乎没有一个地方可以是自给自足的。每个理想中的黄金国都被洗劫一空，每个香格里拉都建有假日酒店。康拉德注意到这之间的相互依存性，并警告说："一旦崩溃再次来临，会否是全球性的……世界文明就会整个瓦解。"[52]

一系列领域的专家开始看到同样的机会之门正在关闭，他们开始警告说，这些年也许是文明仍然拥有足以使自己调整并实现谨慎、保护和社会公正的必须财富，以及政治和谐的最后几年。十二年前，就在里约环境峰会达成关于气候变化的《京都议定书》之前，世界上超过半数的诺贝尔获奖者警告说，我们可能只有十年左右的时间来确保我们的系统变得可持续。后来，布什政权很不成功地试图掩盖一份五角大楼的报告，该报告中，五角大楼预测：如果气候变化中一些更严重的预测成为现实的话，世界范围内将在"一代人"的时间内出现饥荒、无政府状态以及战争。[53]在 2003 年的《我们最后的世纪》一书中,剑桥大学的马丁·瑞思(Martin Rees),同时也是皇家天文学家和英国推进科学协会前主席总结道:"我们现有文明能够维持到本世纪末的可能性不超过50%……除非所有的国家在现有科技基础上采纳低风险和可持续的政策。"[54]

怀疑论者总是提出那些没有应验的对灾难的早期预测,但是这是愚人的天堂。我们的某些逃脱——从核战争逃脱是一个例子——更多是因为运气而非判断,并且目前的结果还不是最终结果[55]。其他的问题被绕过去了,而不是得到了解决。以粮食危机为例,那不过是通过推广使用杂交种子和发展化学农业而被推迟了,而这种做法是以牺牲土壤的健康和植物多样性[56]为代价的。

2001 年"9·11"恐怖袭击后,世界媒体和政治家关注恐怖主义的事实可以理解,但这里还有两点要说明。

第一,恐怖主义相比饥饿、疾病或气候变化而言只是较小的威胁[57]。"9·11 事件"当天,美国有三千人丧命;而每天,世界上仅是因水污染死亡的就有两万五千人。每年,世界上有两千万儿童因为营养不良而成为智力残障[58]。每年,一个比苏格兰面积还大的农业地区因为土地侵蚀或城市扩张而消失,这大多都发生在亚洲。

第二,只治标不治本是无法阻止恐怖主义的。暴力源于不公正、贫困、不均,和其他暴力。这是 20 世纪上半叶最为惨痛的教训，代价是八千万人的性命[59]。当然，吃饱肚子和公正的听证会阻止不了一个极端分子；但却可以大大地减少人们变为极端分子的数量。

第二次世界大战后，通过创建国际机构，以及运用基于凯恩斯主义经济学和美国新政的针对资本主义的民主管理，一个对付暴力根源的共识达成了。虽然远非完美，但这个政策在欧洲、日本和第三世界其他地方还是取得了成功。[60]（记住，我们说的不是一场"反对恐怖主义的战争"，而是一场"针对需求的战争"。）

破坏者战后的共识，并回归到老旧的政治模式，就意味着重返血腥的过去。然而这正是1970年代至今新右派所取得的成绩，他们重新包装旧思想，当作新点子来把权力杠杆从选举出来的政府转移到未经选举的公司们手中。这是一个被新右派在媒体中的朝臣们名为"减税"和"撤销管制"的计划。自由主义经济学的自负幻想是，如果你让马饱吃足够的燕麦，马就会排泄给麻雀吃[61]——这已经被多次尝试过，也多次失败，留下的是毁坏和社会的破败。[62]

从贫民窟到热带雨林，对再分配的厌恶，正扼杀着文明[63]。税收在大多数国家实际上没有减少；只不过是从收入金字塔上部转移到了下部，从援助和社会项目转移到了军事和公司那里。伟大的美国法官小奥利弗·温德尔·霍姆斯（Oliver Wendell Holmes）曾经说过："我不介意交税；我用它们买来了文明。"公众对基本社会安全网络的信心是贫穷国家降低出生率的关键，也是所有国家里良好社会的关键。上述公众信心的缺失，已经导致了一场把地球扒光的混战。

整个 20 世纪，正如我在本书前面部分提到过的，世界人口翻了四倍，经济翻了超过四十倍。如果现代性的承诺只是停滞不前——换句话说，如果贫富之间的差距保持在维多利亚女王去世时的水平——所有的人类将会过得比现在好十倍。然而现实是，今天的赤贫人口数和 1901 年时世界人口的总数一样多[64]。

20 世纪末的时候，世界上最富有的三个人（他们都是美国人）的财富，超过最贫穷的四十八个国家的财富总和。[65] 1998 年时，联合国计算出来，如果精打细算，四百亿美元就可以为地球上最穷的人们提供干净的水、良好的卫生条件和其他基本需求。[66] 这个数字也许乐观了一些，并可能在过去几年里增加了。但是它仍然比无比浪费的、不起作用的、没有必要但会挑起新一轮军备竞争和太空军事化的导弹拦截系统所需的资金要少得多。

再看看泰恩的关于毁灭的三个方面：失控的火车、恐龙、纸牌屋。人口和污染的同时增加，技术的飞跃，财富和权力的集中——所有这些都是失控的列车，它们都是紧密联系在一起的。人口增长的趋势现在是有所缓解的，但到了 2050 年，地球上还是会多出来三十亿人口。短时期来看，我们也许能够养活这么多人，但却将不得不减少饲养家禽（因为它们的每磅肉要用十磅的粮食来喂养），并且我们还不得不把粮食分散到各地。我们不能再像现在一样挥霍了。或者，不能像我们现在这样继续污染环境了。我们还可以帮助诸如印度和中国这样的国家在工业化进程中不再重复我们的错误。但是相反的是，我们竟把环境标准排除在了贸易协议之外。就像带着色欲的非法性爱游客一样，我们在穷人当中从事着最肮脏的勾当。

如果文明要存续，它就必须依赖于大自然长期以来积累的利息，而不是本金。生态标记显示，在1960年代早期，人类使用着自然资源年产量的70%；但是到了1980年代早期，我们已经用到了100%；到了1999年，我们达到了125%[67]。这些数据也许不准确，但是它们的趋势是明确的——它们标记的是通往破产的道路。

阅读了文明坠毁后残骸中的飞行记录，没有人会对此感到惊讶；我们现在的行为是那些失败的文明社会在贪婪和傲慢之巅最典型的行为。这就是恐龙元素：既得利益者害怕改变，而且在社会的各个阶层都存在惰性。乔治·索罗斯，那个革新的货币投机者，将经济恐龙称之为"市场原教旨主义"。我对这个词感到很不舒服，因为对自由市场真正的信从者太少了——他们更倾向于垄断、企业联合（Cartels）和政府合同。[68]但是他的观点我是很明白的。世界必须由股票市场来运作的想法，和任何其他原教旨主义幻想一样，都是疯狂的。

复活节岛的塑像崇拜变成了自我毁灭的狂热，一种意识形态的病态。在美国，市场极端主义者（有人可能希望他们是单纯的物质主义者，所以对理性的利己主义持开放态度）和新教会的救世主信念混合在一起。主流基督教教义所持的是利他的信念，然而这个基督教的衍生物则对公共利益带着主动的敌视：是由憎恨达尔文的人发展出的社会达尔文主义。里根总统的秘书告诉国会不要为环境烦恼，因为，用他的话说，"我不知道在耶稣再来之前，我们能指望（数出来）的还有多少代人。"[69]乔治·布什被类似的观念包围着，最终决定退出气候变化方面的《京都议定书》[70]。

阿道夫·希特勒曾愉快地疾呼："不思考的民众是统治者何等之幸！"可是，当统治者都不思考了，我们还能做什么？

文明经常很突然地陨落——纸牌屋效应——因为文明对生态的索取达到极限时，就会因自然界的波动而变得异常脆弱。气候变化带来的最迫切的危险是天气的不稳定，这造成了世界主要粮食产区的粮食减产。干旱、水灾、火灾和飓风的频率和严重程度在加剧。这些灾害，也包括战争，所造成的污染加剧了毁灭的漩涡。医疗专家担心大自然会用疾病攻击人类：人类这一数以亿计的灵长类动物，居住环境的拥挤不堪使很多人身患疾病，还有营养不良，此外他们还可以通过飞机相互接触，这正是机敏的微生物等待已久的免费午餐。"大自然母亲总是会降临，以拯救一个人口过剩的社会。"阿尔弗雷德·克罗斯比嘲讽地说道，"她的拯救可绝不手软。"[71]

我主张的改革不是基于利他主义的，也不是单一为了拯救大自然。我当然相信这些是符合道德要求的，但是这样的辩论有悖于于人类欲望的本质。对于改革，我们最有力的理由是，目前的这个系统不符合任何人的利益，是个自杀机器。我们所有人都有些内在的恐龙惰性，但是我承认我并不知道那些强势的"恐龙"，比如石油巨头以及右翼分子，是否觉察到了他们自己在做什么。他们也有后代，他们也需要安全的食物与干净的空气和水，他们也可能希望看到生机勃勃的海洋和森林。财富买不到防止污染的庇护，因为在某国喷洒的农药会凝结集聚在南极洲的冰川和落基山脉的山地湖里。并且，财富不是乱世的挡箭牌，法国大革命时，断头台上滚下的头颅，那原来骄傲的面孔所透露的惊恐已经说明了一切。

阿根廷有句谚语：每个晚上，神都会来清理阿根廷人白天制造的麻烦。我们的领袖现在似乎就在指望着这个。但是这不起效。形势发展太快，不作为本身也是犯了大错。现在，经过上万年试验的安定生活的成与败，就决定于我们的作为或不作为。真正需要的只是从短视转向长期的思考；从轻率和过度转向适度和谨慎。

我们的一大优势，也是避免重蹈过往社会命运覆辙的最佳机会，在于我们了解那些过往社会的事。我们能够看到它们是如何失败的，以及为何失败。智人已经掌握了用来了解自己的信息：智人是冰河时代的只完成了一半进化的猎人；聪明但决无智慧。

我们所处的阶段，就如复活节岛岛民们仍然来得及刹车，可以停止无节制的砍伐和雕琢，能够收集最后一批树木的种子，把它们种下地，不让老鼠碰到。我们有工具、有办法来分享资源，清理污染，提供免费基本医疗和计划生育服务，根据大自然的极限来决定经济发展的极限。如果我们不趁现在——我们依然蓬勃发展时——做这些事情，那么当局势变得困难时，就再也没有办法了，那时命运就不掌握在我们自己手里了。如果我们继续不作为，那么这个世纪用不了很久就会进入混乱和崩溃时期，比人类历史上所有的黑暗年代更加不堪。

此刻，是我们纠正未来的最后时机。

注释：

[1]Tainter，*Complex Societies*，p.59。

[2]欧洲、北部非洲和旧大陆的其他地区在 14 世纪中期黑死病肆虐时失去了约三分之一的人口。在欧洲，这使得旧等级制度被打破，并推动了磨坊和其他简单工具的使用。在伊斯兰世界，劳动力的巨大损失破坏了灌溉工事，造成经济衰退，引发了西班牙基督教收复失地运动。1500 年，欧洲的传染病还没有冲击到新大陆的人口，这里人口的大概数字是八千万到一亿——约占世界总人口的五分之一到四分之一之间。到了 1600 年，在人口密集的地区，如美索亚美利加、安第斯地区和北美东南部，人口水平的下降幅度超过了百分之九十。在 16 世纪新世界损失的总人口数不少于五千万，而这只是个保守的估算；取决于计算的基数，实际的人口损失可能高达七千五百万或更多。

[3]现在，世界人口每年以刚刚超过七千万的速度增长，比 1980 年代的每年九千万有所下降。

[4]Redman，*Human Impact*，p.124。例如，科尔卡峡谷（Colca valley，qollqa 的意思是"谷仓"）在印加时代大多已经被开垦为梯田，而今天，沿着库斯科附近的神圣谷（Urubamba valley）仍然可以看到人们在梯田耕作。航海的钦查商人挖掘海鸟粪，打包后用美洲驼队通过道路运进山区。如果使用的速度没有超过鹈鹕排泄粪便的速度，印加人本可以有用不完的海鸟粪。和埃及、中国一样，秘鲁有来自大自然的馈赠。在维多利亚时代中期，臭名昭著的"海鸟粪热潮"中，大量的海鸟粪被重新发现并挖掘使用。见本章注释 25。

[5]这一名称的大致意思是，"联合四方各国"。

[6]几乎是五千公里。

[7]阿兹特克帝国也许从某中程度来说大于印加帝国，因为后者虽然面积更大但是城市化水平较低。估计印加有六百万到三千二百万人，阿兹特克有一千二百万到两千五百万人，较大的数字得到更多人的认同。不管真实的数字是多少，我认为美索亚美利加（包括玛雅和其控制以外的人口）和塔万廷苏尤（印加帝国）加起来至少超过了新大陆半数的人口。关于世界人口估计数字和来源的最新数据以及那些虽然过时却仍然有效的讨论，参阅

Fernand Braudel,"Weight of Numbers", *The Structures of Everyday Life*（New York：Harper and Row，1981）。

[8]两万两千五百公里。

[9]中央管制经济主要是在帝国层面发力。地方上在有限范围内自己管理自己的事务。例如航海的钦查商人在与巴拿马或许还有西墨西哥的奢侈品贸易上发挥了重要作用。早期的西班牙语及当地资料证实了生活必需品——衣、食、住——在必要的时候是由印加王国提供的。证据显示，尽管人口对于安第斯山区域严酷而多样的环境是过多了，但食物的生产还是满足了需求。对"印加时代"黄金岁月的怀旧成为了三个世纪以来反抗西班牙的联合动力。17世纪的反叛领袖们中，就有一个阿根廷人是西班牙人的后裔，取了印加名字和称谓。见 Lius Millones,"The time of the Inca：The Colonial Indians' Quest", *Antiquity*，no.66（1992）：204-16。最大的一次印第安起义是在1780年，由印加图帕克·阿马鲁二世（即孔多尔坎基）发起，他是印加皇室正宗的后代，几乎将西班牙人从秘鲁驱逐出去。这比西班牙裔拉美人（白人定居者）中的克里奥人（Criollo）暴力反抗形成拉美各共和国早四十年。在墨西哥，没有能让阿兹特克统治恢复的类似努力，但是前哥伦布时期确实启蒙了墨西哥的民族主义。

[10]Geoffery W.Conrad and Arthur A.Demarest， 在 *Religion and Empire*（Cambridge：Cambridge University Press，1984）一书中辩论说，帝国扩张的政治活力和能量使他们很不稳定。也许这种说法有其真实的一面，但是我想，或许并非如此。阿兹特克王朝因高度掠夺，被民众广泛憎恨，也许是两者中更为不稳固的一个。有证据显示两者都努力改革自身以期维持长久的安定。重要的是：皮泽洛发现秘鲁的战乱和落败完全是由于天花和其他来自旧世界的疫病导致的。

[11]天花通常在"处女地"流行时会杀死当地百分之五十到七十五的人。一份玛雅编年史提供了对一个王国皇家最初影响的记录：记录到的四个喀克其奎统治者中有三人死了。秘鲁的瓦伊纳·卡帕克（Huayna Capac）（阿塔瓦尔帕的父亲）和他指定的继承人死了；在蒙特祖玛（Moctezuma）库伊特拉华克（Cuitlahuac）也死了。所有这些疫病的发生被认为与旧世界的动物互动有关，特别是在亚洲。新世界的农业更多依赖植物种植，美洲驯养的动物似乎没有获得能够传播给人类的疾病。

[12]Crosby，*Ecological Imperialism*，p.200.

[13]在 1517 年和 1518 年，弗朗西斯科·埃尔南德斯（Francisco Hernandez）和胡安·德·格里哈尔瓦（Juan de Grijalva）在尤卡坦和海湾海岸战役中输给了玛雅人。另一个西班牙人阿莱绍·加西亚（Alejo Garcia）在 1520 年代入侵印加帝国，也被赶了回来。在 1521 年，胡安·德·格里哈尔瓦在佛罗里达被杀，他的人马就撤退了。最大的反侵略胜利是在墨西哥城的悲痛之夜（Noche Triste 或者 Sad Night）。在大约一千二百个西班牙人（最初的征服战役中最大的欧洲军队）中，有九百人被杀。在场的贝尔纳尔·迪亚斯（Bernal Diaz）称，包括在奥图巴战役中战死的一共有八百六十人。在场的六十九匹马被阿兹特克人杀死或俘虏了四十六匹。科尔特斯（Cortés）从古巴退出并补养，但是他没有再进攻，直到几个月后墨西哥首都天花爆发。参阅本书作者 Ronald Wright，*Stolen Continents*，p.43。

[14]如果没记错的话，吉米·卡特（Jimmy Carter）在公众呼吁后中止了计划。

[15]征服墨西哥用了两年，阿兹特克人本可以取胜，但是天花爆发了。在秘鲁，在阿塔瓦尔帕被审判处死后，艰苦的战役开始了。

[16]Fray Motolinia，引用 Crosby，*Columbian Exchange*，p.52.

[17]Francis Jennings，*The Invasion of America：Indians，Colonialism and the Cant of Conquest*（New York：Norton，1976），p.30. 尤其是在北美洲和低地热带地区，一个多世纪都是在原住人口的瓦解和新人的到来中度过的。就像玛雅丛林，在北美洲东北部的"原始森林"，大多是在废弃的印第安玉米地、村镇和公园似的狩猎地上长出来的。Jennings（我认为该重点阅读）补充道，北美不是处女地：她是个寡妇。

[18]到了 1600 年，秘鲁和墨西哥的人口降到了各仅一百万，损失约为 95%；他们在十八世纪开始慢慢恢复。经过三个世纪在玻利维亚波托西的开矿，超过一百万安第斯山的印第安人在劳作中死去。

[19]取自卡加马卡（Cajamarca）的金子约有七吨；库斯科则被抢走了三吨。科尔特斯从蒙特祖玛（Moctezuma）取走了一吨。当代欧洲金属的价值远超过今天用重量来衡量的价值。

[20]引自 *Poverty of Philosophy*，T.B.Bottomore and Maximillian Rubel，eds.，*Karl Marx：Selected Writings in Sociology and Social Philosophy*（Harmondsworth：

Pelican，1961），p.138.

[21]1991 年，史密森尼博物馆组织了一次重要的展览，名叫"变化的种子"，见 Viola 和 Margolis 的 *Seeds of Change*，收录了 Alfred Crosby、William H.McNeill 和其他人的文章。马铃薯的好处是在寒冷的气候下也能很好地生长，在战争时期也难以掠夺或被破坏。在北欧，土豆提供的卡路里是黑麦的四倍。见 William McNeill, *American Food in the Old World*, p.45。McNeill 忘了提到西非很重要的作物木薯是在公元 1600 年以前从美洲引进的。美洲的红薯在东南亚广泛传播，包括中国和太平洋地区。玉米有其缺点：它需要的水比小麦多，并且如果不和豆类搭配，营养就不均衡。尽管如此，到了 20 世纪晚期，玉米和土豆在世界范围的产量与小麦和大米非常接近了。

[22]欧洲在整个中世纪（除了黑死病后领土扩张热潮降温的那几代人外），有太多次饥荒，但是大多数人还是被固定在土地上。土豆对德国及俄国的人口增长以及工业化尤为重要。

[23]在西班牙和英国的殖民奴隶年代早期，也就是在非洲奴隶贸易发展起来之前，美洲印第安人就被从美洲带到欧洲。但是太多奴隶的死亡使得这种奴隶贸易失去了其价值。

[24]在 Viola 和 Margolis 的 *Seeds of Change* 中也对广大读者做了很好的解释。

[25]干的海鸟粪便在海岸外的荒岛上大量堆积起来的。["海鸟粪"（guano）这个词源自克丘亚语的"瓦努（wanu）"，意思是粪便或堆肥]。在 19 世纪时，沉积的粪肥被迅速挖掘，主要是为满足英国的需要；挖掘者是罪犯和奴隶，还包括复活节岛上绑架来的几百人（见第三章的注释）。在 20 世纪早期，类似的粪肥沉积在密克罗尼西亚的巴纳巴和诺鲁（Nauru）被发现；现在，这些海鸟粪已经消耗完了。

[26]见 Manning 的 *The Oil We Eat*，其中对现代农业隐性成本进行了令人警醒的分析。工业前文明中，百分之八十到九十的人都是农民。而今天的北美，只有百分之二的人在土地上劳作。然而，如果把所有和农业相关的机械、石油、石油化工和货运行业的人都算上的话，从事粮食生产的真实人数要高得多。Tim Appenzeller 的 *The End of Cheap Oil*（见《国家地理》2004 年 6 月，第 80–109 页，）提供了关于化石能源困境的良好概述。

[27]McNeill, *American Food Crops*, p.59.

[28]古代社会发展出了多种机械，包括：泵；希腊的发明家希罗在托勒密王朝时代发明出的一个初级蒸汽轮机，如果当时有一台样机的话，最多也就被当成一个猎奇之物，就像是中美洲的轮式玩具或是达芬奇的发明；中国在公元前第一个千年里用高炉煤锻造铁器；欧洲在中世纪也比通常认识到的有更多的发明。但是，上述这些技术在任何地方都没有推广开来，直到 1492 年之后。

[29]他最畅销的著作 *Royal Commentaries of the Incas* 于 1609 年出版西班牙语版，英文版则是 1688 年出版，此外还被翻译成了不少语言。

[30]Adair 的引述以及关于切洛基人和易洛魁的更多内容，见 Wright 的 *Stolen Continents*，chap.4 and 5。

[31]三十米。

[32]西班牙人在埃尔南多·德·索托（Hernando de Soto）统治下的东南部见到了这类社会；法国人在密西西比河沿岸也发现了同样程度的阶层社会。令人惊叹的土质金字塔仍然可以在圣路易斯附近的卡霍基亚遗址看到；还有亚特兰大附近的俄托瓦（Etowah），以及其他几个东部地点。

[33]欧洲国家，包括英国，自从他们千年之前低调的开端开始，一直在变得更加民主，但只是在国内；民主不适用于帝国统治。

[34]见 Fukuyama，*The End of History.*

[35]出版于 1898 年，Wells 的小说是讽刺文学，在小说中，强大的殖民者（大英帝国最鼎盛之时）突然发现他们自己被太空征服者远远超过。

[36]蛇诱惑夏娃吃神不允许吃的果子时说："你们吃的日子眼睛就明亮了，你们便如神能知道善恶。"

[37]《波波尔·乌》的文字是用罗马字母写下的基切语，源自 16 世纪瓜地马拉高原，但是包括可回溯到古典时期的神话。其中部分可能转录自前哥伦布时代的象形文字。很容易就能认为"工具的反叛"所传达的寓言式劝诫是 19 世纪古典玛雅没落的回响。

[38]Delia Goetz，Sylvanus Morley 和 Adrian Recinos 的译本，*The Sacred Book of the Ancient Quiche Maya*（Norman：Oklahoma University，1950），p 91-92。另一个较好的译本，见 Dennis Tedlock 的 *Popol Vuh*（New York：Simon and Schuster，1985）。

[39]狄更斯的《艰难时世》对"焦炭城"的描写："这是一个机器和高耸烟囱

的村镇，无尽的黑烟长蛇永远飘飘不散，从不会展开。这里有条黑色运河，河水上漂着紫色异味的染料，大片的建筑群满是窗户，整天嘎嘎作响地颤抖着，蒸汽机的活塞一成不变地起起落落工作着，就像是忧郁而疯狂状态中大象的头。镇里的几条大街全都一样，小街道也更是一模一样，住着的人们同样个个一个模样，他们每天在同一时间进出，在同样的人行道上留下同样的声音，他们去干同样的工作，对他们来说每天和昨天及明天都一样。"

[40]见 *Coningsby*，1844 年出版。

[41]欧洲列强每年在武器上的开支在 1890 年是 1.58 亿英镑，1910 年是 2.88 亿，1914 年是 3.97 亿。[见 Eric Hobsbawm，*The Age of Empire*，1875–1914（New York：Random House，1987），p.350]Ibsen 的 *An Enemy of the People*，是其 1882 年对水污染和腐败的公民行为的剧本，是关于环境主义的第一批作品。

[42]某些专家对第一次世界大战死亡人数的估计是一千五百万到两千万之间。流感大疫情——可能在战壕和战地医院里酝酿并传播——在世界范围又杀死了两千万到四千万人。

[43]两次世界大战的死亡人数，包括饥荒、大屠杀、迫害所致死的，高达 1.87 亿人。见 Martin Rees，*Our Final Century*：*Will the Human Race Survive the Twenty-first Century*？（London：2003），p.25。

[44]疯牛病的学名是牛海绵状脑病或 BSE。人体上通常称为克雅氏海绵状脑病或 CJD。目前清楚的是人类可能通过进食污染的肉类——这种肉经常被用作汉堡包和肉派的夹层。到目前为止，人类还是不能完全明白其病理。

[45]本书作者 Ronald Wright，*A Scientific Romance*，chap.4.

[46]四点五米。

[47]见 2004 年 3 月 24 日的 *The Globe and Mail.*

[48]Margaret Atwood，*Oryx and Crake*（Toronto：McClelland and Stewart，2003），chap.6。

[49]美国人似乎至少每代人都会选举一次这样的人（不能责怪他们在 2000 年选了乔治·布什）。就像布什对待《京都协定书》一样，里根拒绝签署海洋条约国际法，致使世界几十年来一直处在危险的油轮、有毒废弃物倾倒、过度捕鱼以及对船员剥削的阴影下。

［50］自从 1945 年开始，两个社会体系对环境最糟糕的破坏是由冷战引起的军备竞赛。没有这些，两者可能对它们的周遭会较为放松（对它们控制之下的民众也会更宽容）。恩格尔提出的"依靠对资本、劳动力和科学土地的利用，生产力可以无限提升"（见彭定 Ponting 的引述，《绿色历史》Green History，第 158 页）的观点可能轻易地被一个主要的资本主义者提出来。这样的十九世纪乐观主义，诞生于自然界仍然广袤，而人类对自然的影响不到现在五十分之一的时代，也成了我们现今走入的死胡同的根源之一。

［51］落矶山湖区的农药污染被发现比喷洒了化学物的大草原更严重。在极地也是一样。污染物会弥漫在大气圈，而后集结沉降在寒冷而"古老"的地方。

［52］Tainter，*Complex Societies*（《复杂的社会》，第 214 页。）泰恩特是个考古学家。有人可能会反对他太过于把眼光盯在后视镜里。这就是拥护进步的拉拉队们会说的，因为他们信奉现代例外主义——老规则对我们不适用的——是他们不相信限度的关键。但是，越来越多的所谓"硬"科学家开始相信并认同考古学家、生态学家和讽刺文学家的忧虑。

［53］根据媒体报道，这个报告是由五角大楼的长期顾问安德鲁·马歇尔（Andrew Marshall）（见 Globe and Mail，2004 年 2 月 24 日，参考的是 Observer 和 Fortune 杂志中的报道。）自从里约峰会后，二十世纪九十年代超过了八十年代，成为有记录显示最暖和的十年，欧洲 2003 年的夏天是有史以来记录过最热的夏天。

［54］Rees，*Our Final Century*，p.8，24. 他补充道，"我们的选择和行动可以确保生活的永恒未来……或者相反，通过有害的意图，或者错误的冒险，21 世纪的科技可能危及生命的潜力。"瑞思对于流氓科技尤其担心，例如生物工程、纳米技术、控制论和某些"世界末日"论在物理前沿的试验。作为一位天文学家，他倡议尽快在太空建立一个小型的人类领地，如果地球把情况弄砸的话还可以给智能生命第二次机会。但如果我们毁坏了地球，我们还能算是有智慧的物种吗？我们还应该有第二次机会吗？

［55］根据对美国和前苏联关于 1962 年古巴导弹危机信息的解密，以及卷入其中的人物陈述，显示出世界比预想的更接近核战争。Robert McNamara，美国当时的国防部长，写道："我们来到了千钧一发的危险时刻，但却没

有意识到。"同上，p.25-28。

[56] 根据美国依然极富争议的法律裁决，生物技术和农商公司取得了农作物（甚至动物）的专利，声称是他们"发明"出来的。实际上，自从史前时代以来，世界上的主要粮食作物里就没有从野生植物中发明出任何一种新的粮食。我们所有的作物科学——不论是选择繁殖还是基因操控——只是在古代文明的成就基础上增添而已。合适的研究应该得到奖励，但是如果我们允许对古代主要粮食作物赋予私有产权，我们就应该把专利使用费付给真正发明人的后代，他们大多数是在生活中挣扎的农民，比孟山都公司（Monsanto）更需要现金。毫无悬念的是，那些贫穷的国家对于富裕国家不遗余力地主推杂交和转基因粮食作物的做法充满了怀疑，因为这些作物的推广种植可能会污染和破坏古老农业中心区域的粮食作物多样性。

[57] 美国国务卿 Colin Powell 曾说过艾滋病要比恐怖主义的威胁大得多。

[58] 成因是母亲的孕期缺碘。

[59] 这个数字包括那些在两次世界大战和俄国革命中被杀死的人。

[60] 很多政策是在 John Maynard Keynes 的影响下，从 1944 年布雷顿森林协议（Bretton Woods Agreements）中发展而来。早期的社会安全网已经存在，比较著名的是富兰克林·罗斯福的新政（New Deal）。战后时代，从 1950 年代到 1970 年代，被历史学家 Eric Hobsbawm 在其对 20 世纪的权威调查中授予了"黄金时代"的称号，参阅 *The Age of Extremes：A History of the World 1914-1991*（London：Michael Joseph，1994）。Margaret MacMillan 指出，战后高速地执行马歇尔计划是受到了"一个单一明确的敌人——苏联"的威胁所致。[Mcmillan，Paris，1919，*Six Months That Changed the World*（New York：Random House，2001），p.61.]

[61] John Kenneth Galbraith，*Speaking at the Harvard Club*，Toronto，1994.

[62] 特别是自从 1929 年华尔街崩溃之后。对于当时金融崩溃后的大萧条状况最好的描述详见 James Agee 和 Walker Evans 的 *Let Us Praise Famous Men*（New York：Ballantine，1966）。

[63] 1950 年到 1970 年代后期，乞丐和无家可归的人在第一世界几乎是不为人知的。大众认为穷人贫穷是因为他们生来低级，而人类最好的进步方式是让他们在大街上死去。

[64] 1990 年，世界上还有未开发的森林和渔场，未开启的石油资源，未利用的水力发电潜能，和广大绵延的好农田。在过去十年里，人均农业用地减少了 20%。为了保持产量，人们使用那种把土地仅仅当作化学品的水耕媒介的工业技术。地下水变得污染并且枯竭。在 Clive Ponting 于 1991 年出版的书中，单独列出卢旺达是第一和第三世界鸿沟的例子，指出卢旺达的人均收入是美国人均收入的百分之一。三年后，约有一百万卢旺达人死于二战后最严重的种族灭绝行动。根据计算总人口的死亡比例，这相当于屠杀了三千五百万美国人。21 世纪也许是始于卢旺达，而非美国。

[65]《联合国人口发展报告》，1998 年 9 月 9 日发布。其重点总结可见 1998 年 9 月 10 日的 *Daily Telegraph*。这三个是比尔·盖茨（微软）、海伦·沃顿（沃尔玛）和巴菲特（投资家），分别有资产 510 亿美元、480 亿美元和 330 亿美元。报告还估算出，一个美国、英国或法国出生的孩子，在他有生之年的消费和污染比五十个贫穷国家的孩子还多。要把基础医疗、教育、清洁的水和卫生带给世界上最穷困的居民，在 1998 年时估计只需要 400 亿美元。单是盖茨一人就可以在支付这些后还余下 110 亿美元；这种情况下他的资产比一亿最穷的美国人的财产总和还多。其他资料显示，在美国国内，一名职业经理人的工资和一个工厂一线工人的收入比例从 1970 年代晚期的 39∶1 飞跃到今天的大约 1000∶1。参阅 John Ralston Saul，"*The Collapse of Globalism*"，Harper's，2004 年 3 月，p.38，和 *The Unconscious Civilization*（Toronto：Anansi，1995），p.14。

[66]《联合国人口发展报告》。

[67] 有时候"好"的环境政策会有事与愿违的效果。巴西科学家报告说业马逊热带森林单单在 2003 年就失去了 9300 平方英里（24000 平方公里）。大部分是因为需要清理出新土地来饲养牛和种豆，以满足（主要是欧洲地区）人们日益高涨的对非转基因食品的需求（BBC 世界新闻，2004 年 4 月 8 日）。

[68] 乔治·布什政府达到天文数字的财政赤字似乎涉及了削弱美国除军事以外的所有领域。结果是，如果继续这样下去，会让美国更像拉丁美洲，在那里，军队常常是最有效的公共机构。

[69] James Watt，1981 年的讲话。如上所述，社会达尔文主义声称，穷人是低等人，对人类最好的发展方式就是让他们死。

[70]John Ashcroft 曾经说过，"在美国，没有国王，只有耶稣基督。"参阅 Lewis Lapham，"Reading the Mail，"*Harper's*，November 2003，p.9。

[71]Crosby，*Ecological Imperialism*，p.92。见 Laurie Garrett，*Coming Plague：Newly Emerging Diseases in a World Out of Balance*（New York：Penguin，1994），《潜在的医疗灾难调查报告》。

图书在版编目（CIP）数据

极简进步史 /（英）罗纳德·赖特著；杨海宇译 . -- 北京：北京时代华文书局，
2016.10
书名原文：A SHORT HISTORY OF PROGRESS
ISBN 978-7-5699-1150-3

Ⅰ.①极… Ⅱ.①罗…②杨… Ⅲ.①文化人类学－通俗读物
Ⅳ.① C912.4-49

中国版本图书馆 CIP 数据核字（2016）第 216403 号

北京市版权著作权合同登记号　图字：01-2016-3598

Ronald Wright
A SHORT HISTORY OF PROGRESS

极简进步史

作　　者｜[英] 罗纳德·赖特
译　　者｜杨海宇

出 版 人｜王训海
统筹监制｜王　水
策划编辑｜黄思远
责任编辑｜王　水　　黄思远
封面设计｜高　熹
责任印制｜刘　银　范玉洁

出版发行｜时代出版传媒股份有限公司 http://www.press-mart.com
　　　　　北京时代华文书局 http://www.bjsdsj.com.cn
　　　　　北京市东城区安定门外大街 136 号皇城国际大厦 A 座 8 楼
　　　　　邮编：100011　电话：010-64267120　64267397
印　　刷｜河北鹏润伟业印刷有限公司　电话：010 - 80261198
　　　　　（如发现印装质量问题，请与印刷厂联系调换）
开　　本｜880×1230mm　　1/32
印　　张｜6
字　　数｜136 千字
版　　次｜2017 年 2 月第 1 版　　2017 年 2 月第 1 次印刷
书　　号｜ISBN 978-7-5699-1150-3

定　　价｜39.00 元